Der S

Philosophie, My
Kuns

Nikolas
Beitelsmann

Cover Art:
Sophia Ramahi
Cover Design:
Edda Mia Löhr
Lektorat:
Josephine Wünsche
Maximilian A. Koch
Layout:
Edda Mia Löhr
Nikolas Beitelsmann

Inhalt

Vorwort   *1-4*

Das Unterdrückte   *5-16*

Das Unendliche   *17-28*

Das Undurchdringliche   *29-40*

Das Ungezähmte   *41-52*

Die Verwandlung   *53-62*

Das Unsichtbare   *63-70*

Welche Schreie gibt es?   *71-98*

Der Schmerzensschrei   74-77

Der Schreckensschrei   78-82

Der Lustschrei   83-88

Der Freudenschrei   89-92

Grenzphänomene: 93-98
Wut, Tod und Trauer

Vorwort

Mund auf. Ich möchte über den Schrei nachdenken. Mich interessiert, wie ein Klang aus
Körperöffnungen gelangen kann. Egal ob
Pupsen, Rülpsen oder Schreien: körperliche
Klänge sind Ergebnisse unbewusster, auto-
matischer Bewegungen im Inneren. Schreie
verzweigen sich unsichtbar in einem Unter-
grund der Seele, wie ein Pilz, der mit seinem
Myzel tief in den Boden greift. Der Schrei ist
das, was an der Oberfläche sichtbar ist. Nur
ein flüchtiger Höhepunkt einer tiefgreifen-
den, expressiven Bewegung. Meine Hände
möchten nach dem Schrei greifen. Er fließt,
ist spontan, flüchtig – kurz unbegreiflich. Das
macht es schwierig, sich philosophisch mit
ihm zu beschäftigen. Der Schrei ist kein Gedanke, der logisch beschrieben werden kann.
Er entzieht sich der Sprache, da er nicht aus
Wörtern besteht.

„Den Teller in die Spülmaschine!": Es sind
nicht die strengen Worte einer Mutter gemeint, die zu hören sind, wenn sie ihren
Teenagersohn anschreit. Der Schrei einer
Menschenmasse, die einen Free-Fall-Tower
herunter stürzt, trifft es schon eher. Jean-
Jacques Rousseau nannte ihn deshalb auch
Ur-Sprache, da er von Menschen und anderen
hominiden Arten schon ausgestoßen wurde,
bevor überhaupt die ersten Worte entstanden
sind.

Der Schrei ist wahrscheinlich die banalste Form, sich zu verständigen, und das sogar über alle Erdteile hinweg! Am Besten kann ein Schrei deshalb auch durch Schreie, nicht durch Worte verstanden werden. Warum dann ein Buch? Ein Buch kann schließlich nicht „geschrien" werden.

Mund zu. Ich kann trotzdem empfehlen, durch diese Seiten zu blättern. Der Alltag zeigt, dass der Schrei ein untrennbarer Bestandteil unserer Existenz ist. Wenn uns eine Schlange beißt, schreien wir. Die Hand auf der Schulter im dunklen Raum. Ahhh! Schrecklich. Ein offener Mund kann etwas über den Menschen erzählen und die Art und Weise, wie er sich in dieser Welt ausdrückt. Er kann erzählen, wie der Mensch buchstäblich einen Teil seines Körpers entlässt, entledigt – wie einen Kackhaufen. Deshalb wird in diesem Buch nicht nur auf philosophische Beispiele geschaut, es geht auch um Ausdrucksformen des Menschen. Also auch darum, wie der Schrei in der Malerei dargestellt wird, wie er im Mythos und literarischen Texten auftaucht und Filme versuchen, ihn zu verarbeiten.

Bekanntestes Beispiel dafür ist wahrscheinlich das Gemälde von Edvard Munch, in welchem eine blasse, abgemagerte Gestalt ihre Hände an das Gesicht presst und schreit. Aber auch weniger bekannte Beispiele der Kunstgeschichte, wie die Malereien von Francis Bacon, haben einen besonderen Schwerpunkt in diesem Buch – in Verbindung mit Gilles

Deleuze und seinen philosophischen Überlegungen zum Schrei. Diese tauchen vor allem im hinteren Teil des Buches auf, zusammen mit bunten Abbildungen von Bacons Malereien.

Das Buch gliedert sich in neun Kapitel. Die ersten sechs Kapitel sind eine Spurensuche. Wie ein Detektiv trage ich Indizien für den Schrei zusammen. Nach diesen Indizien jeweils sind die ersten Kapitel auch benannt. Dabei orientiere ich mich an Jean-Luc Nancy, der das juristische Wort „Indiz" verwendet, um Umstände zu beschreiben, die mit hoher Wahrscheinlichkeit auf einen Sachverhalt schließen lassen. Das bedeutet, dass keine absoluten Wahrheiten aufgestellt werden, wenn ich dem Schrei zum Beispiel unterstelle, unsichtbar oder unendlich zu sein. In dem Kapitel „Welche Schreie gibt es?" werden auf der Grundlage griechischer Mythen dem Schrei die menschlichen Grundemotionen Schmerz, Schrecken, Lust und Freude zugeordnet. In einem Abschnitt werden auch skizzenhaft die Wut, der Tod und die Trauer im Spannungsfeld mit dem Schrei diskutiert.

Nikolas Beitelsmann,
Düsseldorf der 01.12.2023

Das Unterdrückte

Ein Mund öffnet sich und verformt sich zu einem Oval. Falten entstehen im Gesicht, diagonal unter den Augen und an den Seiten des Ovals jeweils parallel. Ein tiefes, schwarzes Loch im Kopf bildet sich. Daraus kommt eine Luftströmung, die wir meistens als Schrei bezeichnen. Es ist eine Anstrengung, bei der viele Regionen des Körpers beteiligt sind: Die Muskeln auf dem Kopf dehnen sich, die Stimmbänder im Hals erklingen, die Lunge pumpt Luft und auch im Hintergrund ist ein Herz beteiligt, was diesen ganzen Apparat mit Blut versorgt. Es ist ein Zusammenspiel, das automatisch verläuft, ohne Mithilfe unserer Gedanken.

Der Schrei entsteht aus dem Instinkt heraus. Doch nicht immer kann sich ein Instinkt frei entfalten. Die wenigsten würden beispielsweise auf die Idee kommen, während einer Bahnfahrt plötzlich loszuschreien. Wegen sozialen Erwartungen verhalten wir uns in solchen Situationen so, wie die Gruppe es von uns verlangt. Wer schreit, benimmt sich daneben. Wer schreit, wird von der Gruppe ausgegrenzt. Die Folge: Diese Erwartungen der anderen graben sich in unser Fleisch ein und unterdrücken dadurch Bewegungen, die wir natürlich ausführen wollen.

Ein unterdrückter Schrei ist nicht der Laut, der tatsächlich ertönt, wenn ich meinen Mund öffne. Im Gesicht formt sich kein Oval.

Die Kräfte stauen sich woanders auf, ein wenig im Hals und besonders stark in der Brustregion. Es ist eine starke, innerliche, fast schon lähmende Kraft, die sich nicht frei entfalten kann. Der Schrei wird wieder in das eigene Fleisch zurückgestoßen. Man kann ihn auch als eine gegen sich selbst gerichtete Stoßbewegung bezeichnen. Er bewegt sich, zittert und schlängelt sich im Zentrum des Brustkorbs, kraftvoll und drückend. Im Sinne Nietzsches verstehe ich ihn als eine Kraft, welche die aus mir tretenden Flammen wieder „in mich zurück"[1] trinkt.

Da dieser Schrei stumm ist, kann er auch als eine Paradoxie beschrieben werden. Warum kann diese Bewegung überhaupt Schrei genannt werden, auch wenn man ihn nicht hören kann? Zeichnet sich ein Schrei nicht gerade durch seine Hörbarkeit aus?

Ich komme zu dieser skurrilen Annahme dadurch, dass ich den Klang generell nicht auf das beschränken möchte, was wir außerhalb unseres Körpers vernehmen. Wer in sich hinein horcht, seine Gedankenströme nachvollzieht oder einfach nur vor sich hin träumt, bemerkt schnell, dass die Innenwelt eine ganz eigene Geräuschkulisse hat. Es wird in unseren Gedanken dauerhaft ein Konzert gespielt, das genauso real ist, wie jenes, was wir außerhalb von uns wahrnehmen können. Menschen, die eine besondere musikalische Begabung haben, können das in vielen Fällen besser, was sicherlich auch daran liegen mag, dass sie diesen siebenten Sinn täglich trainieren. Sie verlassen sich nicht ausschließlich auf das, was von Außen in sie eindringt, sie haben es geschafft, die Antennen für das zu schärfen, was sich allein in den inneren, körperlichen Welten abspielt.

Wenn ich mir ein Orchester anschaue, sehe ich Violinisten, Bassisten und Flötenspieler, die durch die Bewegung der Finger oder Münder Töne erzeugen. Dahinter allerdings geschieht eine zweite, unsichtbare Melodie, die auch als eine innere Melodie verstanden werden kann. Der Musiker schaut in sein Notenheft und hört schlagartig etwas in den Gedanken. Schon oft habe ich darüber gestaunt, dass Musiknoten lautlos sind, aber trotzdem die unmögliche Aufgabe bewältigen, Klänge durch stumme Zeichen abzubilden. Könnte das auch auf den unterdrückten Schrei zutreffen?

Wenn er, wie die innere Melodie des Musikers, nur innerlich und nicht tatsächlich abgespielt wird, ist er dann trotzdem ein Klang? Ein solcher Klang ist ein anderer, wie er klassisch in einer physikalischen Reduktion verstanden wird. Aber auch wenn dieser Schrei wirklich ein bloß zurückgehaltener, physikalischer Klang ist, ist er definitiv keiner, der außerhalb unseres Körpers gehört werden kann.

Physikalisch gibt es eine eindeutige Antwort: der unterdrückte Schrei ertönt nicht. Vor allem im Vergleich zu anderen Schreien, die tatsächlich auch außerhalb des Körpers wirken, zeichnet er sich durch sein Schweigen aus. In ihm ist ein unmöglicher Versuch und damit auch ein unmögliches Ziel enthalten, ihn tatsächlich in die Welt zu entlassen. Denn sobald er sich in eine klangliche Form verwandelt, handelt es sich nicht mehr um diesen unterdrückten Schrei, von dem ich hier sprechen möchte. Sobald er ausgestoßen wird, löst er sich auf, sein Druck entweicht, seine Kraft entfaltet sich frei in den Raum und wird damit hörbar.

Ein unterdrückter Schrei bleibt stets unhörbar. Nicht nur die Ohren versagen dabei, diesen Ausdruck zu vernehmen, es sind wahrscheinlich auch die Worte, die sich dieser Kraft nur annähern können. Es kann gut sein, dass Farben, die an eine Leinwand geklatscht werden, oder zähflüssiger Stein, den ich mit den Händen verforme, das besser ausdrücken können. Die Idee dabei ist, dass sich in Kunstwerken dieser Schrei in eine nicht hörbare Form, dafür aber materiell fassbare Form verwandelt. Es handelt sich dann um einen Schrei, der mit den Fingern berührt werden kann, er erhält dadurch eine Textur, eine Formensprache, die das bloße Hörbare in das Figürliche verändert.

Ich stellte mir unaufhörlich die Frage, wie ich einen solchen Klang „festhalten" kann. Wie kann etwas, was eigentlich immateriell ist, seinen Aggregatzustand zu einer festen Materie verändern? Das führte zu einem Selbstversuch! Aus Ton zwischen meinen Fingern formte ich Gegenstände, die wie Ranken oder Tentakeln aussahen und sich in alle Richtungen schlängelten. Als diese Tonfiguren entstanden, erschrak ich, dass sie trotz ihrer stummen, unbeweglichen Gestalt, sich zu bewegen schienen. Es waren keine bloßen, toten Gegenstände, aus ihnen war eine unerklärbare Lebendigkeit abzulesen. Eine Lebendigkeit, die aus einer tatsächlichen, sich rankenden, schlängelnden Kraft aus dem Brustkorb stammen muss.

1 Eigene Fotografie (2021)

Warum soll ausgerechnet die Kunst dabei helfen dieses Phänomen besser zu verstehen? Im weiteren Verlauf des Buches werde ich zahlreiche Beispiele aus der Geschichte der Kunst anführen, von den antiken Skulpturen bis zu den verzerrten, deformierten Darstellungen der Postmoderne.

Erstens kann sie Ausdrücke auch dann noch festhalten, wenn die Sprache schon versagt, vor allem im sogenannten Expressionismus. Diese Schule der Malerei schafft die unmögliche Aufgabe, das darzustellen, was in unserem Inneren vor sich geht. Gefühle, Stimmungen, Melodien und Schreie werden plötzlich sichtbar. Zweitens ist die Kunst eine Studie, die besonders nah am Leben stattfindet und im Vergleich zu den Wissenschaften deutlich unterschätzt wird. Maria Sibylla Merian reiste im 17. Jahrhundert in den Dschungel von Südamerika. Mit einem Bleistift und Pinseln in der Hand schaute sie sich an wie sich kleine, wurmartige Tiere in einen farbenfrohen, prächtigen Schmetterling verwandeln. Durch ihre Illustrationen konnte das erste Mal bewiesen werden, dass sich der Schmetterling aus einer Raupe entwickelt.

Ich denke auch, dass man sich einem zurückgehaltenen Schrei durch künstlerisches Schaffen annähern kann, vielleicht sogar besser als durch Zeichensysteme wie Worte oder Zahlen. Was hat beispielsweise der Expressionist Edvard Munch verspürt, als er seinen berühmten Schrei gemalt hat? Meine Behauptung ist, dass hier genau dieser unterdrückte Schrei dargestellt wird. Für den Psychonanalytiker Jacques Lacan, war es nicht abwegig, anhand von Malereien zu Erkenntnissen über die Seele des Menschen zu gelangen. Wie kein anderer, hat er sich damit beschäftigt, wie sich ein Mensch in der Welt mitteilen möchte. Dabei hat er sich unter anderem auch die Frage gestellt, was der Ausdruck auf Munchs Gemälde bedeuten könnte:

„Was ist dieser Schrei? Wer ihn hören würde, diesen Schrei, den wir nicht hören, außer eben, dass er das Reich des Schweigens aufzwingt, eines Schweigens, das in diesem Raum, der zugleich zentriert und offen ist, auf- und abzusteigen scheint. Es scheint hier, dass dieses Schweigen gewissermaßen das Korrelat ist, durch das dieser Schrei sich in seiner Präsenz von jeder anderen vorstellbaren Modulation unterscheidet, wobei jedoch spürbar ist, dass das Schweigen nicht den Hintergrund des Schreis bildet, es gibt hier keine Gestalt*-Beziehung, der Schrei scheint das Schweigen buchstäblich hervorzurufen, und wenn er aufhört, ist spürbar, dass er das Schweigen verursacht; er lässt es auftauchen, er ermöglicht es dem Schweigen, den Ton zu halten. Es ist der Schrei, der das Schweigen stützt, und nicht das Schweigen den Schrei. Der Schrei sorgt gewissermaßen dafür, dass das Schweigen sich in eben der Sackgasse verfängt, aus der er herausschießt, damit das Schweigen aus ihr entkommt."[2]

Was meint Lacan mit einem Schweigen, das sich in einer Sackgasse verfängt? Das Bild einer Sackgasse impliziert, dass eine Bewegung zurückgehalten wird. Verallgemeinert kann der Hals als Sackgasse verstanden werden, als die Körperregion, in der ein Ton stecken bleibt. Das Problem: Anstatt zu ertönen, muss der Klang umkehren. Wenn eine solche Bewegung wieder in den Brustkorb zurückgestoßen wird, entsteht das, was der Psychoanalytiker als Schweigen bezeichnet. Ein Beispiel: Wenn der Nachbar ein Loch in die Wand

bohrt, reagieren wir innerlich so, als würde man uns anschreien. Es ist wie eine Schnecke, die sich in sich selbst zusammenzieht, wenn man wagt, ihre schleimige Haut zu berühren. Da wir nicht zurückschreien, breitet sich im Raum ein Schweigen aus.

Man kann sich kritisch die Frage stellen, ob wir hier tatsächlich von einem Phänomen sprechen, was auf die ganze Gesellschaft anwendbar ist. Oder sprechen wir hier nur vom Künstler selbst und dem, was in seiner Psyche vor sich ging? Um diese Frage zu beantworten, werde ich nun versuchen, anhand von Edvard Munchs Biographie zu verstehen, was er versucht hat, auf seinem Gemälde darzustellen. In sämtlichen Darstellungen, die ich mir zu diesem Künstler angeschaut habe, spricht man von einem psychischen Leiden, dass er sein Leben lang mit sich herumschleppen musste. Schon in frühen Jahren musste er zusehen, wie seine kranke Mutter starb. Während er Erfahrungen mit einem von Depressionen betroffenen Vater machte, kam es einige Jahre später zum Tod seiner Schwester.
   Dazu kam die soziale Isolation der Beamtenfamilie, die in einer Arbeiterstadt wenige Kontakte knüpfen konnte und schließlich auch der Tod des Vaters, der im Jahr 1889 folgte. Es war bekannt, dass Munch sehr viel Alkohol getrunken hat, unverhältnismäßig viel verreiste und in der Liebe stets unglücklich war. Außerdem ist eine Agaropho-

bie bei ihm bekannt gewesen, eine Furcht, aus bestimmten Orten oder Situationen nicht mehr entkommen zu können. Darunter fällt beispielsweise die Angst vor engen Räumen, meistens „Platzangst" genannt.

Im Jahr 1908 sollte der Künstler in Warnemünde wegen wahnhaften Vorstellungen in eine Psychiatrie eingewiesen werden, nachdem er einen Arbeiter, der ihm beim Verpacken von Bildern aushalf, beschuldigte, ein Skizzenbuch gestohlen zu haben. Bei einem daraufhin stattfindenden Zusammentreffen mit der Polizei soll er behauptet haben, dass seine Feinde aus Norwegen die Polizei schicken und ihn überall auf der Welt verfolgen. Aus Furcht davor, in eine deutsche Psychiatrie eingewiesen zu werden, floh er nach Dänemark, da die dortigen Anstalten als „humaner" galten. Während eines anderen Vorfalls ist Munch in ein Krankenhaus eingeliefert worden, nachdem er sich mit einem Revolver durch die linke Hand geschossen hatte. Wenn man diese biographischen Eckdaten alle zusammen nimmt, ist es sehr wahrscheinlich, dass der Künstler unter psychischen Erkrankungen zu leiden hatte.

Natürlich gab es zu der Zeit noch nicht die ICD-Diagnosekriterien, die Psychologen heute in ihren Praxen anwenden. Auch gibt es niemanden mehr, der Munch persönlich gekannt hat und aus seinen Berichten heute bestätigen könnte, ob sich diese Ereignisse wirklich so zugetragen haben. Ich vermute, dass man bei dem Künstler Merkmale sehen kann, die denen einer Psychose ähneln. Darunter versteht man geistige Zustände, in denen das gewöhnliche Verständnis von Selbst, sowie der Realität verloren gehen und routinierte Gedankenabläufe nicht mehr funktionieren. Es findet eine „tiefgreifende Veränderung des Denkens, Wahrnehmens, Empfindens und Handelns"[3] statt, häufig begleitet von Halluzinationen und wahnhaften Vorstellungen. Heute sind das vor allem Krankheitsbilder, die oft in geschlossenen psychiatrischen Einrichtungen anzutreffen sind. Maximilian Alexander Koch, ein befreundeter Psychologe, erzählte mir, dass man auf solchen geschlossenen Stationen häufig Schreie hören kann. Klingt beängstigend. Ich stelle mir vor, dass ich einen leeren Gang entlang gehe, in dem die Wandfarbe weiß ist, die Beleuchtung blendet und insgesamt alles steril und eintönig wirkt. Die Türen sind dort in den immer gleichen Abständen errichtet, die Zimmer haben einen einheitlichen Schnitt. Im Hintergrund: Schreie, aggressive Schreie. Ich weiß nicht woher sie kommen oder von wem sie stammen.

Dieses Bild lässt mich nicht los. Ich stelle mir die Frage, wie ein unterdrückter Schrei mit den Schreien einer Psychose zusammenhängt und was das mit Edvard Munch zu tun haben könnte? Ich stoße bei meiner Suche auf ein Fallbeispiel in der Schweizer Zeitschrift *Psychopathological*:

„A scream launched into the world would have freed Suzanne Urban from the rigid, fixity, from the immobilization to which the expression had subjected her. This expression became the insurmountable event that the patient then reproduces indefinitely, and which continuously absorbs in her the possibility of every other event."[4]

Suzanne Urban kann die Bewegungen im Gesicht nicht mehr steuern. In ihrem Inneren wüten die Flammen, die Friedrich Nietzsche in seinem *Nachtlied* beschreibt. Diese Flammen können nicht nach außen dringen, da sie diese in sich selbst zurück trinkt. Da die fixierte Mimik die Gefühle im Brustkorb aufstaut, kommt neben der physikalischen Schwerkraft eine zweite innere Gravitation hinzu. Die Patientin schleppt mit dem Gewicht ihrer Psyche sprichwörtlich „etwas mit sich herum", mit weitreichenden Folgen für den Alltag, der dadurch weniger „leicht" fällt.

Die Psychose kennzeichnet sich gerade dadurch, dass eine Abspaltung von einer Realität stattfindet, auf die sich für gewöhnlich ein Großteil der Menschen einigt. Natürlich können sich auch Meinungen, beispielsweise solche zur politischen Lage, extrem voneinander unterscheiden. Es ist aber trotzdem noch ein Unterschied, ob man glaubt, von einem Baum eine geheime Botschaft zugeflüstert zu bekommen oder ob man will, dass ein Braunkohletagebau stillgelegt wird. In einer Psychose entsteht also nicht nur eine andere Auslegung der Realität, die Realität als solche ändert sich fundamental. Schnell entsteht so das Gefühl, nicht verstaden zu werden. Ängste entstehen. Ungerechtigkeit wird empfunden. Frustration staut sich auf. Und da ist niemand mehr, mit dem man diese Gefühle teilen kann, da man schließlich als verrückt abgestempelt wird!

Poetisch könnte man sagen: Sämtliche Gefühle richten sich plötzlich nach innen, bis auf dem Brustkorb ein unerträgliches Gewicht lastet. Der Schrei wird so zu einem Moment der Befreiung für den psychotischen Menschen. Suzanne Urban könnte sich durch einen Schrei aus ihrer ausweglosen, fixierten Lage befreien. Anstatt aber zu schreien, entscheidet sie sich dafür, diesen Schrei zurückzuhalten.

Das Unendliche

Auf dem Gemälde *Der Schrei* von Edvard Munch ist dieses Phänomen zu erkennen. Es muss auf dem Künstler, ähnlich wie bei der psychotischen Patientin, „ein Gewicht gelastet haben". Anstatt aber dieses Gewicht durch das Öffnen seines Mundes zu lindern, malte Munch auf eine Leinwand. Auf dem berühmten Gemälde ist ein kränkliches, tierähnliches Wesen zu erkennen, mit einem dürren Körper und bleicher Haut. Im Gesicht befindet sich ein Oval, welches den Mittelpunkt einer abgerundeten, „avocadoförmigen" Kopfform bildet. Dieser Kopf wird festgehalten von zwei länglichen, geschwungenen Händen, deren Linienführung sich in dem rot-orangenen Hintergrund fortsetzen lässt. Das erzeugt den Eindruck, dass der Körper mit seiner Umwelt verschmilzt. Himmel und Gewässer im Hintergrund sind ebenfalls geschwungen dargestellt, ähnlich wie Schallwellen. Der Kunsthistoriker Andreas Beitin schreibt, dass dadurch ein Schalltrichter erzeugt wird, der synästhetisch einen Schrei hörbar machen kann. Wie also die Noten in einem Heft bei Musiker tatsächlich eine innere Melodie erzeugen, so können auch Farben und Formen in den Gedanken einen Klang erzeugen.

2 Edvard Munch:
Der Schrei (1910),
Munch-Museum,
Oslo

Die Sichtweise des Betrachters ist aber nur
eine Seite der Medaille. Mich beschäftigt, ob
Munch selbst eine besondere Wahrnehmung
hatte, die etwas mit dem unterdrückten
Schrei zu tun haben könnte. Hält er in seinem
Gemälde tatsächlich eine psychotische Bewegung seines Inneren zurück oder drückt
sich womöglich etwas anderes aus? In seinen Tagebüchern steht:

„Ich ging spazieren mit zwei Freunden. Da sank die Sonne. Auf einmal ward der Himmel rot wie Blut, und ich fühlte einen Hauch von Wehmut. Ich stand still und lehnte mich an das Geländer. Über dem blauschwarzen Fjord und über der Stadt lag der Himmel wie Blut und wie Feuerzungen. Meine Freunde gingen weiter, und ich stand allein, bebend vor Angst. Mir war, als ging ein mächtiges, unendliches Geschrei durch die Natur."[5]

Als ihm die Idee für sein berühmtes Gemälde kam, befand er sich während eines Sonnenuntergangs auf einer Brücke, in der Nähe eines norwegischen Fjordes. Hat er dort seinen eigenen Schrei aus dem Inneren gehört? Oder war in der Umgebung der Brücke tatsächlich einer zu hören? Für den Fall, dass er sich diese Töne nur eingebildet hat, müsste man von *Klanghalluzinationen* sprechen. Diese können Teil eines psychotischen Zustandes sein, auf welchen neben der Klänge, auch ein visuelles, synästhetische Farbempfinden („Blut" und „Feuerzungen") hinweist. Entgegen dieser Meinung existieren aber auch Stimmen, die dafür eintreten, dass das „unendliche Geschrei durch die Natur" von einem in der Nähe angesiedelten Schlachthof stammt oder von einer Psychiatrie, die sich direkt unter der Brücke befunden haben soll.[6]

Aber auch wenn Munch sich diese Schreie nicht in einer eigenen psychotischen Episode imaginiert und die zweite Option zutrifft, dann hat der Schrei dennoch etwas mit der Psychose zu tun. Denn in der Einrichtung

unter der Brücke könnten sich auch Erkrankte befunden haben. Hat der Künstler also ihr Leiden aus der Ferne wahrgenommen und in seinem Gemälde verarbeitet?

Ob Munchs Schrei von außen kam oder als bloße Einbildung in seinem Inneren ertönte, ist die eine Frage. Die andere Frage wäre, ob er überhaupt einen Schrei gehört hat? Man könnte schließlich zu der Annahme kommen, dass sich Kunst nur durch eine gute Geschichte verbreiten lässt. Künstler können ihre Erlebnisse im Nachhinein anders erzählen, damit dadurch ein Image erzeugt wird, was gut bei dem Publikum ankommt. Ob ein Van Gogh, der sich das Ohr abschneidet, ein Monet, der sein Augenlicht verliert oder eben ein Munch, der einen Schrei hört: gutes Personal Branding zeichnet berühmte Maler aus. Dafür würde auch die Tatsache sprechen, dass Munch mehrere Versionen von diesem Erlebnis geschrieben hat. Oft sind einzelne Wörter auch markiert oder durchgestrichen. Ist das der Versuch, seine Geschichte besser zu vermarkten?

Es gibt also unterschiedliche Auslegungen zu dem unendlichen Schrei, den Munch vor der Arbeit an seinem berühmten Gemälde gehört haben soll. Ob es sich hier um den unterdrückten Schrei einer Psychose handelt, kann nicht so einfach unterstellt werden. Bleibt aber die Frage, warum der Schrei als unendlich bezeichnet wurde. Schließlich hat jeder ausgestoßene Klang irgendwann ein Ende. Oder doch nicht?

Für Gotthold E. Lessing zumindest stand fest, dass es nicht möglich sein kann, in alle Ewigkeit zu schreien. In seiner Schrift *Laokoon oder über die Grenzen der Mahlerey und Poesie* diskutiert er den Schrei einer bekannten griechischen Skulpturengruppe. Zu sehen ist eine Szene aus Homers *Ilias*: Der Meerespriester Laokoon und seine Söhne werden von zwei Schlangen gebissen. Die Familie erleidet eine göttliche Strafe, da sie die Trojaner vor dem hölzernen Pferd gewarnt haben, mit welchem die Griechen heimlich in Troja eindringen. Während eine der Schlangen in den Oberschenkel des Laokoons beißt, ist in seinem verzerrten Gesicht ein Ausdruck abzulesen, der in der Dichtung Vergils als Schrei bezeichnet wird.

Bleibt die Frage, was das mit einem nicht endenden Schrei zu tun hat? Durch die Betrachtung der Skulpturengruppe kommt Lessing zu dem Schluss, dass ein ewiges Schreien unmöglich ist. Da der Schrei nach seiner Definition eine unmittelbare Reaktion auf einen Schmerz ist, wäre es irrsinnig zu glauben, dass Schmerzen unendlich anhalten. Es tut weh, wenn wir von einer Schlange gebissen werden. Sobald sie uns aber gebissen hat, beginnt der Schmerz wieder abzuschwellen. Die Unendlichkeit im Schrei kann, wenn überhaupt, nur der Tod sein. Warum? Der logische Schluss aus dem Schlangenbiss ist, dass ein nicht mehr enden wollender Schmerz einen Menschen nach einiger Zeit zerstört.

Für Lessing ist es deshalb auch irrsinnig den Schrei in der Kunst abzubilden, da sie in der Theorie etwas für die Ewigkeit konservieren möchte. Ein Medium der Ewigkeit ist also nicht passend für einen Ausdruck, der plötzlich im Moment erscheint, um dann nach ein paar Minuten wieder zu vergehen. Der Schrei ist für Lessing zu flüchtig, um in der Kunst abgebildet zu werden.

3 Unbekannter Urheber:
Laokoon-Gruppe
(Mitte des 1. Jhd.),
Vatikanische
Museen,
Rom

Für das 18. Jahrhundert scheinen Lessings Betrachtungen vielleicht Sinn zu ergeben. Übertragen auf die heutige Zeit allerdings, liegt er mit seiner Diagnose falsch. Seit der Expressionismus aufgekommen ist kann man sehr wohl Ausdrücke dieser Art in der Kunst festhalten.

In Munchs Gemälde ist der Schrei auch nicht flüchtig. Es ist egal, wie oft man sein Bild betrachtet, das Wesen auf seinem Bild hört nicht auf zu schreien. Ich frage mich, was der Grund für diesen Effekt sein kann? Mir ist immer noch bewusst, dass es sich hier (objektiv betrachtet) bloß um eine Leinwand mit Farben handelt.

Vielleicht ist das Gemälde *Der Schrei* auch das letzte Aufstoßen einer Zeit, in der die Natur noch von Göttern erfüllt war. In der Epoche der Romantik haben Dichter oft von der Unendlichkeit geschwärmt. Damit war aber nicht eine tatsächliche Unendlichkeit gemeint, im Sinne davon, dass ein Ereignis nicht mehr endet. Die romantische Unendlichkeit ist qualitativ. Man kann sich das zum Beispiel so vorstellen: Nach einer anstrengenden Wanderung stehst du auf einem Berg und schaust über eine weite Landschaft. Plötzlich spürst du, wie sich alles miteinander verbindet. Während einer solchen Erfahrung erscheint die Natur wie eine Einheit und der gegenwärtige Moment fühlt sich an, als würde man die Unendlichkeit berühren. Ein romantischer Begriff der Unendlichkeit meint also einen Zustand, in dem ein Mensch vollkommen in der

Gegenwart aufgeht, sodass sich die lineare Zeit plötzlich beginnt aufzuheben. In der Philosophiegeschichte wurde diese Erfahrung oft auch als *Unio Mystica, das Absolute* oder *das Unbedingte* bezeichnet, meistens auch in Verbindung mit dem Glauben an eine göttliche Instanz. Die romantische Dichtung war auch religiös gefärbt, allerdings wurde oft auch von individuellen Erfahrungen berichtet, beispielsweise von einer „göttlichen" Liebesbegegnung. Ein berühmtes Beispiel dafür ist Richard Wagners *Liebestod*, in dem eine sterbende, berauschte Isolde durch ihre Liebe zu Tristan die Ewigkeit „in des Welt-Atems wehendem All" spüren kann.

Wenn ich jetzt Heinrich Heine als einen Romantiker darstelle, werden mich einige Germanist:innen köpfen wollen. Unabhängig von seinem restlichen Werk, meine ich in der *Götterdämmerung* romantische Motive zu erkennen. Viele Munch-Interpreten glauben, dass der Künstler sich von diesem Gedicht inspirieren ließ:

„Du arme Erde, deine Schmerzen kenn ich!
Ich seh die Glut in deinem Busen wühlen,
Und deine tausend Adern seh ich bluten,
Und seh, wie deine Wunde klaffend aufreißt,
Und wild hervorströmt Flamm und Rauch und Blut.
Ich sehe deine trotzgen Riesensöhne,
Uralte Brut, aus dunkeln Schlünden steigend,
Und rote Fackeln in den Händen schwingend; --
Sie legen ihre Eisenleiter an,
Und stürmen wild hinauf zur Himmelsfeste; --
[...]

24

Die Riesen werfen ihre roten Fackeln
Ins weite Himmelreich, die Zwerge schlagen
Mit Flammengeißeln auf der Englein Rücken; --
Die winden sich und krümmen sich vor Qualen,
Und werden bei den Haaren fortgeschleudert; --
Und meinen eignen Engel seh ich dort,
Mit seinen blonden Locken, süßen Zügen,
Und mit der ewgen Liebe um den Mund,
Und mit der Seligkeit im blauen Auge --
Und ein entsetzlich häßlich schwarzer Kobold
Reißt ihn vom Boden, meinen bleichen Engel,
Beäugelt grinsend seine edlen Glieder,
Umschlingt ihn fest mit zärtlicher Umschlingung --
Und gellend dröhnt ein Schrei durchs ganze Weltall,
Die Säulen brechen, Erd und Himmel stürzen
Zusammen, und es herrscht die alte Nacht."[7]

Bevor die Erde „Schmerzen" erleidet, stellt Heine eine glückliche Kulisse im Mai dar: Die Sonne erstrahlt in einem goldenen Licht, unzählige Blumen breiten einen Teppich aus und die Luft duftet nach Gewürzen. Mehrmals versucht der Mai, als personifiziertes Glück an der Tür zu klopfen – vergeblich.

Stattdessen vernimmt Heine einen gewaltigen, schrecklichen Schrei, der die Welt in seiner Gesamtheit zusammenbrechen lässt. Das, was der Dichter beschreibt, ist eine nordische, mythologische Umschreibung für eine gewaltige Kette von Vulkanausbrüchen: Die „tausend Adern" der Erde bluten, „Flamm und Rauch" strömt hervor, Zwerge zünden die Flügel von Engeln an, Riesen bewerfen die Landschaft mit „roten Fackeln". Dadurch wird klar, dass Heine in seiner Götterdämmerung die nordische Weltuntergangserzählung

Ragnarök verarbeitet. Das ist typisch für eine Zeit, in der viele patriotische deutsche Dichter und vor allem auch Richard Wagner, seltsamerweise versuchten, eine von der Vulkaninsel Island überlieferte Mythologie auf die mitteleuropäische Bevölkerung zu übertragen.

Steht der unendliche Schrei also für den Weltuntergang? Ganz so dramatisch wie in dem Gedicht ist die Szene auf Munchs Gemälde nicht. Hier laufen im Hintergrund keine Fabelwesen durch das Bild und es gibt auch keine feuerspuckenden Vulkane. Der Himmel auf dem Gemälde brennt und erzeugt so eine Weltuntergangsstimmung, die an das Gedicht Götterdämmerung erinnert. Der Sonnenuntergang ist hier das Symbol der Apokalypse: Mit der Nacht beginnt das Ende der Welt. Im Hintergrund ertönt dabei ein gewaltiger Schrei in der Natur, der im Gemälde nochmal zusätzlich durch das Adjektiv unendlich verstärkt wird. Ist der unendliche Schrei also nur ein sprachliches Mittel, um die Kraft dieses Ausdrucks zu betonen?

Heines Gedicht lässt nicht auf eine Unendlichkeit schließen, auch nicht auf eine Qualität, die bei dem romantischen Begriff so sehr betont wird. Ein Weltuntergang geschieht in dem Gedicht nicht in einem solchen Maße, dass ein Mensch völlig im Moment aufgeht und alles als eine Einheit wahrnimmt. Was soll auch als Einheit wahrgenommen werden, wenn alles zerfällt? Bei so einer Erfahrung müsste viel mehr eine gegenteilige Bewegung stattfinden. Eine romantische Unendlichkeit kann vermutlich eher bei einer Welterschaffung oder dem Betreten einer Welt hinter der gewöhnlichen Welt (kelt. *Anderswelt*) erfahren werden, da sich in solchen Momenten alle Teile neu zusammenfügen.

Das Undurchdringliche

Ich treffe mich mit meinen Freunden bei einem milden Sommerabend und spreche über das, was die Natur „im Innersten zusammenhält". Wir sitzen auf weißen Plastikstühlen; die Luft riecht nach Grillkohle und Holunder. Als sich eine Mücke auf den Arm einer Freundin setzt, kommt aus ihrem Mund plötzlich ein unartikulierter, tierähnlicher Laut. Während ich ihr anteilslos dabei zusehe, beginne ich zu überlegen, wie sich dieser Schrei im Raum ausbreitet. Wie weit kann er sich überhaupt ausbreiten? Stößt er irgendwann auf ein Hindernis oder durchdringt er womöglich irgendwann die Materie?

Bei solchen Überlegungen stoße ich schnell auf die Physik, ein Fach, bei dem ich in der Schule immer wenig aufgepasst habe. Warum auch? Wir redeten nicht wirklich über die Natur. Wir redeten über Zahlen. Und heute weiß ich, dass sie nur eine mögliche Spielart von Philosophie ist, die man auch als Newtonismus bezeichnen kann. Ich blättere also in meinem alten Schulbuch. Dort steht geschrieben, dass der Schall sich verändert, sobald er auf eine Fläche trifft. Entweder er wird wieder zurückgeworfen oder er verändert seine Ausbreitungsrichtung, wenn die Fläche durchlässig ist, wie es z. B. beim Wasser der Fall ist.

Wenn also meine Freundin wegen einer Mücke aufschreit, müsste ihr Schrei an der nächsten Mauer gebrochen werden.

Die Physik hat darauf also eine klare Antwort – was ich aber nicht als Grund sehe, mit dem Fragen stellen aufzuhören. In der Philosophie wird dieses aufregende Spiel mit den Gedanken auch Metaphysik genannt. In der Metaphysik Sören Kierkegaards kann man einen Schrei entdecken, der eine Mauer durchdringen kann:

„Was ich bedarf, ist eine Stimme, so durchdringend, wie der Blick des Lynkeus, welcher durch Erde und Felsen hindurchdrang, erschreckend wie das Seufzen der Giganten, anhaltend wie ein Naturlaut, spottend wie ein eiskalter Windstoß, boshaft wie der herzlose Hohn des Echo, umfangreich vom tiefsten Baß bis zu der schmelzendsten Bruststimme, moduliert vom andächtigen Lispeln bis zur Energie der Raserei. Das bedarf ich, um Luft zu bekommen, um aussprechen zu können, was mir auf dem Herzen liegt, um bei den Menschen beides, sowohl Zorn als Sympathie, in Bewegung zu setzen. Aber meine Stimme ist heiser, wie der Schrei einer Möwe, oder hinsterbend, wie der Segen auf den Lippen des Stummen."[8]

Der dänische Philosoph vergleicht seine Stimme mit dem Blick des Lynkeus. Dem griechischen Mythos nach hat er einen so intensiven Blick, dass er damit Mauern durchdringen und selbst hinter die tiefsten Erdschichten blicken kann. In Goethes *Faust* bewacht dieser Lynkeus einen Turm und kann von dort aus über das weite Land gucken.

Da er in jede Tasche, in jede Kiste und selbst in Berge hinein schauen kann, häuft er Reichtümer aus Gold und Edelsteinen an. Das macht ihn allerdings nicht glücklich, weil er sich viel lieber wünscht, von einer Frau geliebt zu werden. Es ist eine der klassischen Fragen der Menschheit, die immer und immer wieder auftaucht: Was bringen materielle Reichtümer, wenn man nicht geliebt und bewundert wird? Wie ist es möglich, in die Menschen zu blicken, sie damit buchstäblich zu *durchdringen?*

4 Unbekannter Urheber: Türmer (1433), Hausbuch der Mendelschen Zwölfbrüderstiftung, Stadtbibliothek Nürnberg

Dass ein Blick mehr als tausend Worte sagt, ist eine Redewendung, die häufig zu hören ist. Ich würde dies aber umgekehrt sehen: Erst durch die Stimme können wir die Menschen wirklich erreichen. Durch die Stimme können wir unsere Gefühle in Worte verwandeln und so unser Inneres mitteilen. Kierkegaard berichtet in seinem Aphorismus davon, wie diese Mitteilung scheitert. Er hat den Wunsch, von den Menschen gehört zu werden, mit einer Stimme, die dazu in der Lage ist, bei seinem Gegenüber etwas auszulösen. Er begnügt sich nicht damit, ein banales, einfaches Gespräch zu führen. Seine Worte sollen nicht im Wind verfliegen. Seine Worte sollen etwas Kraftvolles auslösen, sein Gegenüber so inspirieren, dass man sich noch über eine längere Zeit an ihn erinnert. Bei dem Lynkeus Kierkegaards handelt es sich um den Wunsch, den Körper eines Menschen im positiven Sinn zu erschüttern, ihn mit Lebenskraft und Inspiration buchstäblich zu durchdringen.

Ein weiteres Beispiel für dieses Phänomen ist die depressive Garnele, von der ich in meinem Band *Magnoliensplitter* erzähle. Ähnlich wie der Käfer aus Kafkas Erzählung kann die Garnele nicht ihr Bett verlassen. Sie ist deshalb in sich gekehrt und befindet sich in einer gekrümmten, embryonalen Körperhaltung. Der Grund für ihre verzweifelte Lage ist die Anziehungskraft des Mondes, die ich mit dem griechischen Mythos des Lynkeus gleichzusetzen versuche.

Anders aber als der Lynkeus aus dem *Faust,* reicht die Macht des Mondes über das Materielle hinaus: Er kann in die Menschen blicken und dadurch aktiv ihre Bewegungen manipulieren. Der Mond hat einen Blick, der den Körper der Garnele durchdringen kann. Sein Blick ist eine psychische Gewalt, die der Garnele jede Lebenskraft entzieht und sie deshalb an ihr Bett fesselt.

Kierkegaard wollte sein Leben lang wie dieser Mond sein. Sein Wunsch entstand vor allem in seinen Jugendjahren, als er seine Verlobte zurückstieß und sie danach nie mehr wiedergewinnen konnte. Geplagt von Schuldgefühlen lebte er von dem Zeitpunkt an als einsamer Dichter am Rande der Kopenhagener Gesellschaft. Mit dem Erbe seines verstorbenen Vaters in der Tasche, versuchte er eine große Menge an philosophischen und poetischen Texten zu drucken und zu verbreiten. Kein Verlag wollte seine Bücher vertreiben, weshalb er einen Großteil seines Geldes in den Eigendruck seiner schriftstellerischen Arbeit steckte. Mit diesem Hintergrund erscheint es nur logisch, dass er sich eine besondere Größe und Genialität seiner eigenen Person fantasierte – und deshalb auch einforderte, dass das von den Menschen gewürdigt wird.

Ich denke, dass diese Gefühl auch ein tragisches Beispiel für einen unterdrückten Schrei darstellt: Kierkegaard wünschte sich eine kraftvollere Stimme, etwas wollte aus seinem Inneren vergeblich nach Außen dringen, aber er musste sich bis zu seinem Tod damit begnügen, dass er daran scheitert. Es ist also ein zurück gedrängter, gegen sich selbst gerichteter Schrei im Inneren, der sein Ziel immer und immer wieder verfehlt.

Kierkegaards Wunsch war es, einen Schrei auszustoßen, der die Menschen durchdringen kann. Da der Mensch der physikalischen Definition nach ein materieller Körper ist, muss der Schall eines Schreis logisch betrachtet an ihm abprallen. Ein durchdringender Schrei aber gelangt in das Innere eines Menschen und durchbricht so die Haut, die Haare und die Knochen. In der Poesie ist dieser Fakt schon häufig bemerkt worden, nicht umsonst durchdringt ein „gellender" Schrei in Heinrich Heines *Götterdämmerung* die Welt.

Es ist dabei egal, ob sich Berge, Täler oder Meere in den Weg stellen: Der Schrei durchdringt alles und löst einen Nachhall, ein sogenanntes „Gellen" in seiner Umwelt und auch im Inneren des Menschen aus. Die Brüder Grimm schreiben, dass so ein gellender Klang über längere Zeit im Ohr festsitzt und intensiver nachklingt als andere akustische Phänomene. Mit dieser Behauptung durchbrechen sie das physikalische Gesetz des Schalls. Der Schrei prallt nicht wie der Schall an dem Körper ab, er dringt mitten in unsere Seelen ein, wiederholt sich, hallt nach oder anders ausgedrückt: Er nistet sich wie ein Ohrwurm in unser Gehirn ein.

Etymologie des Wortes: Gellen

In seinem Ursprung ist das Wort „Gellen" direkt auf die indogermanische Schallwurzel „*ghel-" bezogen, von der sich unter anderem auch das englische Wort „yell" und die deutsche „Nachtigall" ableiten. Der Bezeichnung sind im Grimm'schem Wörterbuch mehrere Seiten gewidmet, was verdeutlicht, dass das Wort eine sehr breite Sprachgeschichte hat. Folgende Wörter sind mit dem „Gellen" verwandt:

- Helligkeit
- Hall
- Schall
- Galle
- Bellen

Mit dem Wort „Galle" wurde ursprünglich eine Glocke bezeichnet, heute ist damit ein Organ gemeint, was lediglich die Form einer solchen hat. Auch interessant: In der dem Deutschen verwandten englischen Sprache entwickelte sich das Wort „Bellen" zu einer Bezeichnung, die das Läuten einer Glocke meint. Im Deutschen hingegen versteht man heute darunter den lauten Ausruf eines Hundes.

Der Schrei als Ohrwurm. Was schreit in meinem Kopf, wenn der eigentliche Schrei schon längst zurückliegt? Ist ein innerer Klang nur die Kopie eines Klangs, der in der Vergangenheit ertönt ist oder wird tatsächlich ein neuer Klang erzeugt? Man könnte sich das Phäno-

men sehr einfach mit der zweiten Frage erklären. Aber selbst wenn dieser Klang nur eine Kopie ist: Auch ein kopierter Klang muss erzeugt werden. Vermutlich kann ein durchdringender Schrei etwas über die vielen metaphysischen Rätsel aussagen, die über die naturwissenschaftlichen Fakten und alltäglichen Erfahrungen des Menschen herauswachsen.

Bevor ich aber über den Alltag hinaus denke und mich in realitätsfernen Spekulationen verliere, beschäftige ich mich lieber mit etwas, was den Menschen unmittelbar angeht – dem Körper. Warum? Weil jeder Mensch sich untrennbar in ihm befindet. Jeder von uns buchstäblich in ihm „hängt". Warum noch? Weil ein Schrei, wenn er die Haut, die Haare und die Knochen durchdringt, uns im Inneren im besten Fall berührt, im schlimmsten Fall sogar verändert.

Invasion. Der durchdringende Schrei gelangt in den Körper des Menschen. Biologen sprechen von gebietsfremden Arten, die in ein Territorium einfallen. Ob Nutria oder Schrei: Beide Eindringlinge verbindet, dass sie sich in eingegrenzte, organische Lebensräume hineinbewegen. Im Gegensatz aber zu Lebensräumen wie den Maasdünen, dem Hohen Venn oder dem Rothaargebirge, bewegt sich eine Invasion der Körper in eine Seele, die wir von unserer Umwelt abgrenzen und für abgeschlossen halten.

Wenn Schreie allerdings in der Seele „gellen",
wird die Trennung zwischen Außen und Innen
durchlässiger. Wir sind der Welt gegenüber
geöffnet oder nach Martin Heidegger gesprochen in einem Zustand des *In-der-Welt-Seins.*

„Wenn man in ihn eindringt, zerlegt man ihn,
löchert man ihn, zerreißt man ihn"[9]: Für Jean-
Luc Nancy steht fest, dass man nicht in einen
Körper eindringen kann. Auch wenn er damit
ein allgemeines Gesetz aufstellt: In seinem
Essay *Befremdlicher Fremdkörper* wird klar,
dass er damit lediglich andere, auch nicht-
menschliche Körper meint, die versuchen in
den eigenen Körper zu gelangen. Wie kein anderer konnte der erst im Jahr 2021 verstorbe-
ne Phänomenologe über diese Eindringlinge
sprechen: Schon früh wurde sein Herz gegen
ein fremdes Spenderherz ausgetauscht, später folgten die Schrauben seiner künstlichen
Hüften. Das Besondere dieser zunächst fremden Gegenstände besteht darin, dass sie sich
in einem Grenzbereich befinden. Wenn das
Spenderherz in einem anderen Körper war, ist
es dann noch das Herz des alten Körpers oder
ist es meins? Ab wann kann ich das Spenderherz als Bestandteil meines Körpers, als einen
Teil von mir wahrnehmen?
Das Eindringen eines Organs, das dafür zu-
ständig ist, in den ganzen Körper eine Flüssigkeit zu pumpen, ist sicher ein Extrembei-
spiel. Es gibt *Fremdkörper*, die einen weniger
starken Effekt auf die Physiologie haben und
damit eher mit dem Schrei vergleichbar sind.

In seinem Essay führt Nancy zum Beispiel das Phänomen einer Nadel oder einer Scherbe an, die sich ungewollt in einen Fuß bohrt oder auch das medizinische Instrument, was „aus Versehen" in einem Körper vergessen wird.

Als einzige, mögliche Durchdringung gilt Nancy zufolge eine in gegenseitiger Liebe stattfindende Penetration, da sie „ineinander und zueinander"[10] geschieht. Dazu passt selbstverständlich auch der schöpferische Charakter des Sex: Die Bewegung des Geschlechtsakts führt zum genauen Gegenteil einer Zerstörung, da durch sie neues Leben entsteht. Was ihn aber auch von der Durchbohrung des Fußes mit einer Nadel oder einer Scherbe unterscheidet, ist, dass beim Sex die Haut unbeschädigt bleibt oder zumindest nur „gedehnt" wird. Nadeln und Scherben zerstören das Gewebe und reißen den Körper damit aus seiner gewöhnlichen Konstitution heraus.

Durch beide Phänomene ist man dem Schrei zumindest auf der Spur. Sie können sich nämlich ebenfalls in der Seele wiederholen, sehr starke Bilder erzeugen, die auch noch Wochen danach einen Körper erregen oder schmerzen können. Der Unterschied zum Schrei besteht also lediglich darin, dass das Gewebe eines Körpers nicht beschädigt wird; bei der Wirkung auf die Seele jedoch ähnelt der Sex und die Scherbe im Fuß dem Schrei.

Wir erinnern uns: Nancy schreibt, dass die Durchdringung eines Körpers zu einer Zerstörung führt. Da überrascht es, dass er den Schrei, in seiner metaphysischen und unsichtbaren Gestalt in seinen Überlegungen auslässt, obwohl dieser sehr einfach in einen Körper gelangen kann, ohne ihn zu zerlegen, zu löchern oder zu zerreißen.

Für den Schrei könnte allerdings ein anderer Gedanke Nancys interessant sein: Wenn in einen Körper etwas gelangen möchte, wird das von der Seele als Bedrohung aufgefasst. Ebenso bedrohlich ist auch ein Schrei als Eindringling: Er soll abgewehrt werden. Alarm.

Das Ungezähmte

Der vulkanische Ausbruch eines Schreis kann nur mit viel Anstrengung gezähmt werden. Ein Schrei bewegt sich wie von selbst durch unseren Hals. Eine Erklärung für unkontrollierbare Instinkte zu finden, ist ein ewiges Rätsel in der Philosophie. Ob wir unseren Mund öffnen oder unser Gesicht verzerren, können wir nicht selbst entscheiden, da in diesem Moment für ein paar Sekunden unser Bewusstsein und damit auch unsere Entscheidungsfähigkeit ausgeschaltet wird.

Seit Platon grenzt man diesen körperlichen Anteil von einer guten, ehrenwerten Vernunft ab, die unseren Geist veredeln soll. Der griechische Philosoph schreibt in seiner *Politeia*, dass tief in uns ein vielköpfiges Wesen sitzt, ein mächtiges Monster, was permanent versucht, die Harmonie unserer Seele zu stören:

„Stell dir ein Wesen vor, wie es solche der Fabel nach seit jeher gab, wie die Chimära, die Skylla, den Kerberos, und wie noch von vielen anderen erzählt wird, daß bei ihnen vielerlei Tiergestalten in eine einzige verwachsen gewesen seien. [...] So schaffe dir denn zuerst einmal die Gestalt eines vielfach zusammengesetzten und vielköpfigen Ungeheuers, das rundum Köpfe von teils zahmen, teils wilden Tieren hat und dabei imstande ist, sich in alle diese Tiere zu verwandeln und auch alle diese Tiere aus sich heraus zu erzeugen. [...] Nun umhülle sie mit der Gestalt eines Einzelwesens, nämlich mit der eines Menschen, so daß es dem, der nicht in das

Innere zu schauen imstande ist, sondern bloß auf die äußere Umhüllung sieht, nur wie ein einziges Geschöpf erscheint, nämlich als ein Mensch. [...]"[11]

Platon stellt sich den Instinkt als ein Monster vor, was die Gestalten aller Tiere in sich vereint. Diese Gleichsetzung des Animalischen und Körperlichen ist eine Parallele, die sehr naheliegend ist: Wölfe, Wildschweine und Adler können wir genauso wenig zähmen wie spontane Bewegungen des Körpers. Der Hunger, die Panik, der Geschlechtstrieb oder auch der Schrei, drängt sich wie von selbst auf. Platon möchte, dass der Mensch über die Tiere in seinem Inneren herrscht.

Das Problem: Wenn diesem Monster ein Kopf abgeschlagen wird, wächst ein neuer Kopf wieder nach. Wer also einen unkontrollierbaren Instinkt bekämpfen will, wird merken, dass er dadurch nur umso stärker wird. Anstatt das Ungeheuer zu vernichten, schlägt Platon schließlich vor, es zu seinen Vorteilen zu verändern. Die Vernunft entsteht, eine Kontrollinstanz in unserem Geist, welche die Regungen unseres Körpers beherrscht. Diese Art von Selbstverstümmelung hatte weitreichende Folgen für die westliche Welt. Man muss sich vorstellen, dass die Texte großer Philosophen wie Platon oder Aristoteles von der Spätantike bis zur Renaissance als Wissenschaft schlechthin galten und so die Denkweise der abendländischen Kultur prägten.

Auch das Christentum konnte diese Vorstellungen wunderbar auf die Sittenlehre anwenden: Das Körperliche fiel nun in den Zuständigkeitsbereich des Teufels. Da diese inneren Bewegungen also verteufelt wurden, denke ich, dass der westliche, aufgeklärte Mensch schon seit Jahrhunderten versucht, seine Haut, seine Knochen und sein Fleisch vom Rest abzutrennen. Es sind nicht die Köpfe des Monsters, die abgetrennt werden. Es ist der Mensch selbst, der seinen Kopf verliert.

Geographie des Körpers: Dass die Hände ein Teil des Körpers sind, erklärt sich von selbst. Der Mensch spürt, dass die fünf Finger Teil jener physischen Hülle sind, in der er sich mit seinem Bewusstsein verortet. Kann man den Schrei derselben Kategorie zuordnen? Schließlich kann ich sehr schlecht behaupten, dass ich mich in einem Schrei befinde. Meine Anwesenheit in einer Hand, in einem Fuß oder in einem Knie kann ich nachvollziehen. Diese Anwesenheit kann ich anfassen. Ich kann sie auch sehen und dadurch mit der Realität abgleichen.

Kann der Schrei, wie eine Hand, auch als ein Körperteil verstanden werden? Ein immaterieller Schrei ist nicht fest: Anders als das Gewebe, kann er nicht festgehalten werden. Wird er ausgestoßen, verteilt er sich im Raum. Wenn man versucht, ihn festzuhalten, zerfließt er zwischen den Fingern. Der Schrei staut sich in einem Punkt des Halses: Dieser Punkt zerfällt wieder, da er sich räumlich ausbreitet.

Man kann sich das ähnlich wie einen Licht-
strahl vorstellen, der seine Energie von einem
gestauten Punkt der Lampe erhält, sich an-
schließend ausbreitet und wieder zerfällt. Eine
Hand dagegen kann sich nicht ausbreiten, da
sie durch Gewebe und Knochen festgehalten
wird und somit an uns hängen bleibt.

5 Leonardo da
Vinci: Studie der
Hände (1474),
Windsor Castle

Alles hat seinen Platz. Unsere Hände, Füße
und Knie sind nach Regeln zusammengesetzt,
die als selbstverständlich gelten. Das Gefühl
dafür allerdings kann erheblich voneinander
abweichen. Im Extremfall einer Depersonali-
sation beispielsweise, wird ein Körper nicht
mehr als zugehörig wahrgenommen.

Als Nancy ein Spenderherz eingesetzt wurde, muss er sich ähnlich gefühlt haben. Aber auch wenn es sich nicht um ein Spenderherz, eine Nadel, eine Scherbe oder ein „aus Versehen" vergessenes Instrument handelt: Die eigenen Organe können sich von der Selbstwahrnehmung abtrennen. Wenn das passiert, werden sie genauso immateriell wahrgenommen wie ein Schrei. Wenn ich meine Hand nicht mehr spüren kann, breitet sich seine Masse unkontrolliert im Raum aus. Sie zerfließt mir zwischen meinen Fingern. Was soll man Menschen sagen, die nicht mehr glauben, dass die Hand vor ihren Augen ein Teil von ihnen ist? Das anatomische Poster, auf welchem jedes Organ seinen festen Platz hat, hilft in so einem Fall nicht mehr weiter.

Wie hängt der Schrei mit dem Körper zusammen? Gilles Deleuze zeigt in seiner *Logik der Sensation* ein besonderes Interesse für die Physiologie des menschlichen Körpers. Viele Begriffe aus der Medizin, wie beispielsweise „Diastole" und „Systole" (Pulsierung des Herzens) baut er spielerisch in seine Gedankengänge ein, mit einer sehr assoziativen, bildhaften Schreibweise.

Auch wenn er medizinische Wörter benutzt, geht es ihm dabei nicht um eine anatomisch präzise Beschreibung des Körpers. Es geht Deleuze darum, wie ein Mensch sich in seiner physischen Hülle wahrnehmen kann.

Die *Logik der Sensation* ist eine Auseinandersetzung mit der Kunst von Francis Bacon. Ohne seine Gemälde, mit den Schwellungen, Zerstückelungen und Verzerrungen, wäre Deleuze vermutlich nie darauf gekommen, so über den Körper zu denken. Bacon deckt damit eine gewalttätige Realität auf, in der sich der Mensch als ein *Mängelwesen* (Arnold Gehlen) unmittelbar befindet. Damit ist die Tatsache gemeint, dass der Mensch in Abgrenzung zu anderen Tieren leicht verwundbar ist: Seine Zähne sind kurz, er hat keine Hörner, kein Fell. Ohne Kleidung würden wir in den Wintern fast erfrieren und im Sommer permanent von Sonnenbränden heimgesucht werden. Bacon weist darauf hin, dass unser „Fleisch" leicht verwundbar ist, in manchen seiner Gemälde hängen wir wie ein geschlachtetes Hähnchen schreiend an der Wand, in anderen schwellen Körperteile blau an, zerdrückt von Seilen oder dem eigenen Gewicht.

In *Fragment of a Cruxificion* ist ein vor Schmerzen schreiender Jesus am Kreuz zu erkennen, der sich, obwohl er keine „echten" Proportionen hat, mehr der Realität annähert, als jede Christusdarstellung in der Kirche. Kreuzigungsszenen sind in der Regel symmetrisch angelegt und unternehmen den Versuch, einer Perfektion hinterherzujagen, die so nicht existiert. Durch Bacon kann der Betrachter hinter die Fassade schauen und erkennen, wie der christliche Schmerz in Wahrheit aussieht – wie ein Grillhähnchen.

6 Francis Bacon: Fragment of a Crucifixion (1950), Stedelijk Van Abbe Museum, Eindhoven

Obwohl Bacons Figuren nicht echten Proportionen entsprechen, wirken sie dennoch sehr
lebensnah. Durch Deformierungen, durch die
Dekonstruktion der gewöhnlichen Zusam-
menhänge, kann der Betrachter erfahren, wie
der Mensch seinen Körper innerlich spürt.
Wenn man seine Hand beispielsweise nicht
mehr spürt, macht es Sinn, die Hand auf dem
Gemälde zu entfernen. Es kann aber auch in
die andere Richtung gehen, das heißt, einzelne Regionen im Körper können verstärkt
wahrgenommen werden und so weiter „an-
schwellen". Ein Beispiel dafür ist ein Violinist,

der jeden Tag über sein Instrument streicht. Da er dabei immer nur den rechten Arm verwendet, kann er sich mehr in diesem Arm als in anderen Teilen seines Körpers spüren. Auch wenn sich die Muskeln im Arm leicht vergrößern, bleibt die tatsächliche Vergrößerung unsichtbar. Was ich an der Oberfläche sehen kann, unterscheidet sich stark von dem, was sich im Inneren befindet. Um das Innere eines Violinisten sichtbar zu machen, müsste man den Arm wie ein Luftballon aufpumpen.

Die entkleideten, aus ihrer Form gebrachten Körper auf Bacons Gemälden, zeigen den Menschen Deleuze zufolge „in einer Art Rohzustand, als Affektbündel"[12]. Das, was die Figuren bewegt, entzieht sich der Kontrolle des Denkens. Manchmal liegen sie nur da, in viele Einzelteile zerstückelt. In anderen Fällen dehnen sich die Eingeweide, sie tanzen, zerfließen und schreien. Wenn Bacon einen zerfleischten Körper auf einem Bett darstellt, ist damit nicht eine wirkliche, materielle Zerfleischung gemeint. Ein Mensch kann seinen Körper auch als zerfleischt, zerlegt und zerstückelt erfahren, ohne dass dabei wirklich ein Arm abgerissen wurde. Was bedeutet das dann für den Schrei, wenn man ihn als einen Ausdruck des Körpers versteht? Der Schrei ist der orgiastische Höhepunkt eines allumfassenden Körpergefühls, das durch die Verwandlung in einen Klang in die Welt entkommen kann:

„Die ganze Reihe von Spasmen bei Bacon entspricht diesen Typus, Liebe, Erbrechen, Ausscheidung, stets der Körper, der durch eines seiner Organe zu entkommen versucht, [...] um sich mit der materiellen Fläche zu vereinigen. [...] Und der Schrei. Bacons Schrei, ist die Prozedur, mit der der Körper insgesamt durch den Mund entweicht. All die Triebkräfte des Körpers."[13]

Das Gemälde *Figure standing at a washbasin* lässt Deleuze spekulieren, ob der Körper insgesamt durch den Schrei nach außen gelangt. Der Schrei wird neben „Liebe, Erbrechen, Ausscheidung" als nur eine Spielart bezeichnet, durch die er aus sich selbst aussteigen möchte. Wenn wir ein ungenießbares Essen verdauen, können wir versuchen, den Brechreiz zu unterdrücken. Irgendwann kommt jedoch ein Zeitpunkt, in dem sich der Mageninhalt unkontrolliert aus unserem Mund ergießt. Ein ähnlicher Instinkt liegt auch dem Schrei zugrunde liegen, mit dem Unterschied, dass er nicht nur auf die mittlere Bauchregion verweist. Im Schrei entweicht der Körper als Ganzes nach außen.

Auf der Malerei, die ihn zu diesen Überlegungen anregt, ist ein nackter, deformierter Körper zu sehen, der durch das Abflussloch eines Waschbeckens zu entkommen versucht. Der räumliche Eindruck wird durch unterschiedlichen Ebenen von Ovalen verstärkt; seinen Mittelpunkt aber finden die Rundungen in dem Abflussloch. Dadurch, dass diese Bewegung wie von selbst, fast schon automatisch durchgeführt wird, spricht Deleuze von einem sogenannten Spasmus. Als einen Spasmus bezeichnet man für gewöhnlich eine Beschädigung des zentralen Nervensystems. Ein gestörter Gleichgewichtssinn, verkrampfte Muskeln, spontane Zuckungen: Die Symptome können unterschiedlich aussehen. Deleuze überträgt diesen Begriff auch auf instinktive Bewegungen wie dem Schrei, der den Mund unkontrolliert öffnet und das Gesicht verzerrt.

7 Francis Bacon: Figure standing at a Washbasin (1976), Museo de Arte Contemporáneo, Caracas

In einem anderen Buch spricht Deleuze auch von der *Wunschmaschine*, worunter alle Bewegungen des Körpers zusammengefasst werden, die unbewusst und damit wie von selbst ablaufen. Darunter fallen auch Krankheiten, wie ein allergischer „Asthma-Anfall", der von der Lunge automatisch ausgeführt wird oder auch die weibliche Brust, die als eine „Maschine zur Herstellung von Milch" [14] gelten kann. Ein unzähmbarer Schrei kann auch als eine solche *Wunschmaschine* bezeichnet werden, anders aber als die Lunge oder die Brust, drückt sich seine Kraft nicht in einer einzigen Körperregion aus. Der Schrei hat eine Gewalt, welche von der Fußspitze bis zur Schädeldecke reicht. Es ist eine Bewegung, eine Verwandlung in Klang, in der sich ein Körper in seiner Gesamtheit staut und nach außen dringt. Das bedeutet: Wenn ich schreie und dies auch gehört wird, spürt ein anderer Mensch meinen Körper in seinem Inneren. Auch wenn dies in klanglicher Gestalt geschieht und dadurch nicht wirklich mein Fleisch und meine Knochen in den anderen gelangen, kann überlegt werden, ob es sich bei ihm nicht doch um einen Fremdkörper handelt?

Jean-Luc Nancy beschreibt, wie Nadeln oder Scherben in einen Fuß eindringen und dadurch Teile von ihm zerstören. Ein Gedankenexperiment: Wenn ein Schrei körperlich ist, führt die Durchdringung zu einer Zerstörung des Gewebes, der Knochen und sämtlicher Organe. Zu schreien würde dann bedeuten, dass ein Körper den Platz eines anderen Körpers einnehmen möchte. So ist möglicherweise auch die Bedrohlichkeit zu erklären, die Nancy in seinem Essay über Fremdkörper erkennt. Wenn ein Körper durch einen Schrei in einen anderen eindringt, offenbart sich da-

durch der sogenannte *Kampf ums Dasein,*
eine rohe Gewalt der Natur, in der jeder miteinander in Konkurrenz tritt. Vielleicht ist so
auch der Wutschrei zu erklären, der ausgestoßen wird, wenn Kriegsheere übereinander
herfallen? Der Schrei kann in seiner nackten,
natürlichen Gestalt auch einen Akt der Gewalt darstellen. Die Körper der Soldaten wollen aus dem Mund entkommen – ungezähmt.

Die Verwandlung

Zwei Kriegsheere stehen sich gegenüber und fallen schreiend übereinander her. Vom ersten Wutschrei bis zum Schwerthieb, macht der Krieger eine Verwandlung durch: Plötzlich muss er sich wie die Tiere in der freien Wildbahn in einem *Kampf ums Dasein* behaupten. George R. R. Martin erzählt in seinem *Game of Thrones* von einem wilden, nordischen Volk, was sich von der Herrschaft eines zivilisierten, reichen Süden befreien möchte. Als dieser Norden seine Unabhängigkeit erklärt, wird er von einem König angeführt, der sich der Sage nach während des Kampfes in einen Wolf verwandelt. Der Autor der bekannten Fantasy-Trilogie verarbeitet dabei ein Motiv, das einen festen Platz in der Kulturgeschichte des Menschen hat.

Begriffsgeschichte: Kampf ums Dasein

Der Kampf ums Dasein ist ein Begriff aus der Biologie, der hervorhebt, dass in der Natur eine ständige Konkurrenz zwischen den Arten existiert. Vor allem im 19. Jhd. wurde er auch auf Gesellschaften angewendet („Sozialdarwinismus") und hat so die Massenbewegungen des kommenden Jahrhunderts und womöglich auch den Neoliberalismus beeinflusst.[15]

Seit Homo Sapiens das erste Mal auf der Bühne des Planeten aufgetaucht ist, wird von Tierverwandlungen berichtet. Ob Werwölfe, Minotauren oder ein Gregor Samsa, der morgens als Käfer aufwacht: Mythen, Märchen und Erzählungen wiederholen das Motiv immer wieder. Dabei spielen oft auch Verwünschungen eine Rolle, so wie bei der Zauberin Kirke, welche die Gefährten des Odysseus in Schweine verwandelt oder um ein modernes Beispiel zu nennen, das Mädchen Miyo, was in dem Anime-Film *Um ein Schnurrhaar* ihren Körper durch den einer Katze tauscht.

Ob solche Verwandlungen tatsächlich existieren, fällt in den Bereich des Paranormalen und kann hier nicht geklärt werden. Das heißt auch: Wenn ich über eine Tierverwandlung schreibe, sage ich damit nicht aus, dass dieses Phänomen im Alltag tatsächlich vorkommt. Was ich aber beobachten kann, ist, dass es in der Geschichte der Kultur den Menschen immer wieder beschäftigt hat und es sich deshalb lohnt, sich damit auseinanderzusetzen.

Da die Tierverwandlung ein fester Teil von Mythen, Märchen, Erzählungen, aber auch von populären Filmen und Serien darstellt, muss sie etwas in uns berühren. Ich denke, dass dies etwas mit „tierischen" Anteilen zu tun haben könnte, die immer noch in uns enthalten sind, als Überbleibsel einer Evolution, die uns über Millionen von Jahren geformt hat.

8 Unbekannter Urheber,
Holzschnitt aus Deutsch-
land (1722)

In den meisten Fällen läuft eine solche Veränderung nicht lautlos ab, der Mensch krümmt
sich, zappelt, zittert und schreit.

Als Tyler aus der Serie *Vampire Diaries* in einem Kerker eingesperrt ist, führt er auch solche Bewegungen aus. Durch die Anstrengung
beginnt das Herz schneller zu schlagen, die
Atmung beschleunigt sich und Knochen brechen. Um sich der Physiologie eines Wolfes
anzugleichen, bricht sich Tyler bei Vollmond
jedes Mal erneut die Knochen, sie verformen
sich so, dass ein aufrechter Gang nicht mehr
möglich ist. Die Kräfte, die in diesem Moment
durch den ganzen Körper fahren, suchen
sich ein Ventil im Hals. Im Hals staut sich der
Körper als Ganzes und strömt durch einen
Schrei kraftvoll nach außen.

Es verwundert, dass wenn wir heute auf
dem Sofa sitzen und eine Serie schauen, genau dieselben Erlebnisse beobachten kön-

nnen, wie ein byzantinischer Edelmann aus der Spätantike. Der Arzt Oreibasios schreibt im vierten nachchristlichen Jahrhundert von einem Seelenleiden, das er als *Lynkanthropie* bezeichnet. Zu den Symptomen zählte er die Imitation von „wölfischen" Schreien, das nächtliche Verlassen des Hauses, Besuche von Grabstätten, blasse Haut, sowie Trockenheit in der Mund- und Augenregion. Zur Behandlung wurde unter anderem das Bestreichen der Nasenhöhlen mit Opium empfohlen.[16]

Schrei und Verwandlung. Oreibasios hat damit etwas beschrieben, was zur damaligen Zeit mehr die Regel als die Ausnahme war. Erst seit der Aufklärung wurden Menschen, die glaubten, sie verwandelten sich in ein Tier, als „verrückt" abgestempelt. Noch tief in das europäische Mittelalter hinein und vor allem außerhalb der westlichen Welt, bei den Steppenvölkern Zentralasiens oder den Bewohnern des Amazonas-Beckens, gehörten Berichte über Tierverwandlungen zum Alltag – zum Teil auch heute noch. Sehr leichtfertig verbannen wir solche Erzählungen in den Bereich des Aberglaubens und sprechen ihnen ihre Echtheit ab. Selbst wenn es sich um bloße Produkte der Phantasie handelt: Wieso sollten wir diese Erfahrungen den Menschen absprechen, wenn sie diese als echt empfinden? Dabei sind Berichte über den Werwolf, wie sie schon bei Oreibasios zu finden sind, kein Einzelfall. Die Verwandlung in den Wolf stellt nur den Unterbegriff einer sogenannten *Therianthropie* dar, welche sämtliche Phänomene im Grenzbereich zwischen Mensch und Tier zusammenfasst. Während sie vor der Aufklärung selbstverständlicher Teil der Alltagskultur war, ist sie heute in den Bereich des Unbewussten verbannt. Therianathropes Verhalten gilt als sonderbar, weshalb es heutzutage nur im Verborgenen, in Internet-Foren oder auf Cosplay-Conventions ausgelebt werden kann.

In der Cosplay-Szene sind Filme wie *Um ein Schnurrhaar*, in der sich ein junges Mädchen in eine Katze verwandelt, oft ein Ventil für geheime sexuelle Wünsche: Einer oder beide Partner imitieren das Verhalten eines Tieres. Miyo beobachtet ihren Schwarm in der Schule heimlich, aber schafft es nie, mit ihm Kontakt aufzunehmen. Das ändert sich, als sie den Körper seiner Katze annimmt. Endlich kann sie ihm so nah sein, wie sie sich es gewünscht hatte. Von dem Werwolf Tyler und dem Catgirl Miyo spanne ich jetzt wieder einen Bogen zu dem eigentlichen Thema, dem Schrei. Bei Tierverwandlungen krümmt sich der Mensch, er zappelt, zittert und schreit.

Als ein Medium der Bewegung können Serien und Filme solche Prozesse vom Anfang bis zum Ende nachbilden. Die Malerei muss im Gegensatz dazu ein einzelnes Standbild verwenden und in dieses die komplette Bedeutung stecken, die in einer Szene enthalten ist. Für die Betrachtung des Schreis kann das ein Vorteil sein, da sich so die Kräfte stärker auf den Ausdruck konzentrieren können. Der Maler muss also noch viel präziser als der Regisseur sein, da ihm nur eine leere, weiße Leinwand zur Verfügung steht. Er muss wenig Platz so effizient wie möglich ausfüllen.

Auch nachdem Edvard Munch sein Gemälde *Der Schrei* gemalt hat, war es in der Malerei noch lange Zeit verpönt, einen so „hässlichen" Ausdruck darzustellen. Als ein Ausdruck des Schmerzes, des Schreckens und der Lust, wurde er als unästhetisch eingestuft, anders als der Gesang, der in der Kunst als das Schöne schlechthin galt. Nachdem Millionen Menschen in Lagern eingesperrt, getötet wurden, der ganzen europäischen Kontinente mit Bomben durchlöchert wurde und ein Atompilz über Hiroshima und Nagasaki auftauchte, überraschte plötzlich ein unbekannter irischer Maler mit drei Bildtafeln.

9 Francis Bacon: Three studies for Figures at the Base of a Crucifixion (1944), Tate Britain, London

Francis Bacons *Figures at the Base of a Crucifixion* sind augenlose, bleiche, abgemagerte Wesen, die sich von einem rötlichen Hintergrund absetzen. Während die Körper an haarlose Tiere erinnern, sind die aufgerissenen Münder menschenähnlich dargestellt. Die Hälse sind gekrümmt, verlängert, sichtbar angespannt und in verschiedene Richtungen ausgestreckt. Als Kunstkritiker das zu Gesicht bekamen, konnten sie sich nicht mehr zurückhalten. Bacon war für sie der neue Picasso, da es ihm wie kein anderer gelang, die Schrecken des zweiten Weltkrieges darzustellen. Was die Kunstkritiker nicht wussten: Bacons Motivation, eine solche Bilderreihe zu gestalten, hat etwas mit seiner Krankheit zu tun. Er litt an einem Asthma und einem

Gaumenleiden, weshalb in seiner Kunst ein besonderes Interesse für die Mundpartie zu erkennen ist. Es ist bekannt, dass Bacon in einem Pariser Buchladen einen Band mit handkolorierten Abbildungen zu Mundkrankheiten erwarb und diese als Vorlage für seine Kunstwerke nutzte. Wahrscheinlich dekonstruierte er in seinen drei Bildtafeln die menschliche Gestalt deshalb, um den Schmerz seiner Krankheit visuell besser ausdrücken zu können. Gilles Deleuze glaubt, dass der Künstler wegen seiner unkontrollierbaren Mundbewegungen unter einem *Spasmus* zu leiden hatte. Weist diese Krankheit auf einen Schrei hin oder ist es auch möglich, dass der Künstler einen anderen Ausdruck darstellt?

Niesen und Verwandlung. Das Niesen weist eine hohe Verwandtschaft mit dem Schrei auf. Auch beim Niesen verformt sich der Mund zu einem Oval. Es entstehen ebenso Falten im Gesicht, diagonal unter den Augen und an den Seiten des Ovals jeweils parallel. Wie können beide Ausdrücke überhaupt optisch voneinander unterschieden werden? Es kann gut sein, dass Bacon anstatt Schreie, lediglich seine Niesanfälle gemalt hat. Obwohl Deleuze über sein Asthma-Leiden informiert war, erwähnt er dieses allerdings an keiner Stelle seiner *Logik der Sensation*. Seine Kunst versteht er als eine Kunst der Schreie. Von dieser Schreikunst gelangt er zu philosophischen Überlegungen.

Anhand des Gemäldes *Figure standing at a washbasin* (siehe S. 50) überlegt Deleuze, ob nicht der Körper als Ganzes in dem Schrei aufgestaut und nach außen gelangen möchte. Die tierähnlichen Wesen auf den drei Bildtafeln von 1944 allerdings lassen ihn über den Ausdruck anders nachdenken. Er erkennt darin eine Verwandlung, die er *Tier-Werden* bezeichnet. Deleuze schreibt, dass man auf ihren Köpfen keine „strukturierte räumliche Organisation"[17] erkennt und deshalb auch nicht von menschlichen Gesichtern gesprochen werden kann. Wir sind gewohnt, durch die Anordnung von Augen, Nase und Mund einen Menschen von einem anderen zu unterscheiden. Anders bei Tieren: Es kann vielleicht eine andere Fellfarbe haben, ein Fuß kann größer sein als der andere, die Gesichter jedoch wirken für uns fast immer gleich. Deleuze behauptet deshalb, dass der Mensch während des Schreis sein Gesicht verliert und durch die Verzerrung ein bloßer Kopf zum Vorschein kommt, der mehr an ein Tier als einen Menschen erinnert.

Deshalb kann man tatsächlich überlegen, hier von einer *Verwandlung* zu sprechen. Das unterstreicht auch der Ethnologe Michel Leiris, der schreibt, dass Bacon den Menschen „auf dem Niveau seiner Animalität"[18] beschwört. Wer ein Fan von Werwolfgeschichten und erotischen Animes ist, kann sich freuen: Der Mensch nähert sich in dem Moment des Schreis nicht nur theoretisch dem Tier an, seine kurzzeitig veränderte Physiologie lässt tatsächlich einen animalischen Anteil an die Oberfläche treten. Ich denke deshalb, dass Mythen, Märchen und Erzählungen über Tierverwandlungen ihren wahren Kern in dem Schrei haben – zumindest für einige Sekunden.

Das Unsichtbare

Wenn das Wort unsichtbar fällt, denken wir an Geister, die in einem Schloss spuken. Vielleicht haben einige auch das Bild von einem Harry Potter im Kopf, der sich mit einem Tarnumhang durch Hogwarts bewegt und so unbemerkt den Gesprächen von Dumbledore lauschen kann. Der Begriff fällt in den Bereich der Fiktion, der Magie oder schlimmstenfalls in die Hände von Betrügern, die sich mit Zaubertricks eine goldene Nase verdienen. Abseits von „Hokus Pokus" kann das Wort in der Philosophie für alle Phänomene gelten, die man nicht direkt mit den Augen erkennen kann. Edmund Husserl hat sich beispielsweise gefragt, ob die Rückseite eines Tisches existiert, wenn wir sie nicht sehen können. Wenn wir einen Tisch ansehen, sehen wir immer nur eine Perspektive von ihm. Das Erstaunliche dabei ist, dass wir uns trotzdem in einem dreidimensionalen Ort wahrnehmen können, auch wenn wir nur einen Teil sehen. Den Rest denken wir uns sozusagen dazu und gelangen so zu einer räumlichen Wahrnehmung. Husserl bezeichnet diese nicht sichtbare Kraft als *Mitmeinen*.

Kann ich einen Gedanken sehen? Wie sieht ein Gefühl aus? Sich mit dem nicht Sichtbaren zu beschäftigen, kann in einer Beliebigkeit enden, da es hunderte, tausende Beispiele dafür gibt. Für den Schrei muss nur überlegt werden, welches dieser Beispiele auf ihn zutrifft.

Gilles Deleuze schlägt vor, hinter dem Schrei einen Körper zu vermuten, der aus sich selbst entkommen möchte. Damit gemeint ist nicht ein anatomischer, materieller Körper, sondern die Art und Weise, wie wir uns in dieser fleischlichen Hülle wahrnehmen. Ein Violinist benutzt seinen Arm täglich, um über eine Geige zu streichen. Da er immer nur den rechten Arm verwendet, spürt er diesen mehr als andere Körperteile. Die Muskeln wachsen durch die Bewegung zwar leicht, die tatsächliche Vergrößerung bleibt aber unsichtbar. Genauso, wie ein männlicher Pornodarsteller nicht mit einem zwei Meter langen Penis herumläuft, hat dieser Violonist auch keinen Arm, der wie ein Luftballon anschwillt. Unsere Haut, Haare und Knochen sind nicht deckungsgleich mit dem, was in unserem Inneren vor sich geht.

Das Körpergefühl: Wie ein Körper tatsächlich aussieht, kann man von außen nicht erkennen. Wie die Figuren auf Bacons Malereien, kann er deformiert, zerstückelt, verzerrt, verschwommen oder auch nicht existent wahrgenommen werden. Und der Schrei? Da er, anders als der Arm des Violinisten, aus einem Klang besteht, ist es logisch, dass man ihn nicht sehen kann. Ein geöffneter, ovaler Mund, parallel dazu Falten auf beiden Seiten und über den Augen sind von außen zu erkennen. Damit ist ein Schrei aber noch nicht genügend von anderen Ausdrücken abgegrenzt. Dasselbe kann auch über Ausdrücke gesagt werden, die dem Schrei ähneln.

Dazu zählen:

- „Hatschi": Das Niesen
- „Haha": Das Lachen
- „Wäh-Wäh": Das Weinen
- „Ah-Ohah": Das Gähnen

Der Malerei gelingt es, eine Abgrenzung zu diesen Ausdrücken vorzunehmen. Der Klang des Schreis wird bei Munchs und Bacons verzerrten Figuren auch durch Farben und Formen dargestellt oder zumindest angedeutet. Der Kunsthistoriker Andreas Beitin merkt an, dass dadurch auf dem Gemälde *Der Schrei* ein „Schalltrichter des Schreis"[19] erzeugt wird, der den Ausdruck durch synästhetische Empfindungen hörbar macht. Ein Klang, der normalerweise nur mit dem Ohr erfasst werden kann, wird so auch sichtbar. So wie die bloße Melodie nicht für den Inhalt von einem Lied allein stehen kann, reicht dieser visualisierte Klang nicht aus, um zu verstehen, welche Botschaft sich tatsächlich hinter dem Schrei befindet. Ist mit ihm ein aufgestauter Körper gemeint, der in die äußere Welt entkommen möchte? Offenbart der Schrei für wenige Sekunden eine Verwandlung zum Tier?

Beide Botschaften sind buchstäblich nicht sichtbar. Mit dem aufgestauten Körper ist keine anatomische, materielle Masse gemeint, sondern ein Körpergefühl. Schrei und Verwandlung machen animalische Anteile sichtbar, die im Alltag verborgen sind. Während des Ausdrucks verändert sich das Gesicht zu einem charakterlosen Kopf, der mehr einem Tier als einem Menschen ähnelt. In einem späteren Abschnitt seiner *Logik der Sensation* meint Gilles Deleuze allerdings etwas anders, wenn er von einem *Unsichtbaren* spricht:

„Nun lassen sich aber die Kräfte, die den Schrei ausmachen und den Körper verkrampfen, um bis zum Mund als verwischter Zone zu gelangen, keineswegs mit dem sichtbaren Schauspiel verwechseln, angesichts dessen man schreit, [...]. Wenn man schreit, stets heimgesucht von unsichtbaren und unspürbaren Kräften, die jedes Schauspiel stören und sogar den Schmerz und die Sensation übersteigen".[20]

Auch dieses Mal lässt sich Deleuze von einem der vielen Schrei-Darstellungen Francis Bacons inspirieren. In *Study for Portrait of Pope Innocent X after Velázquez* wird eine berühmte Papst-Darstellung neu interpretiert. Bacon kopiert bewusst eine Ikone der Kunstgeschichte, vielleicht auch, um zu zeigen, wie ernst er es mit seiner Botschaft meint. Indem er Innonzenz X. schreien lässt, widersetzt er sich der Etikette des barocken Zeitgeistes. Ein hoher „Würdenträger" wie der Papst, muss sich beherrschen können. Er muss seine Empfindungen regulieren können, damit er ein moralisches Vorbild für die Christenwelt sein kann. Diese Moral zerschmettert er durch seinen Schrei: Die Konturen des Gesichtes lösen sich auf, der Kopf wird knochig,

66

grau und nähert sich damit, wie auch schon in anderen Gemälden, einem Tier an. Auch der Thron, auf dem er sitzt, verliert seine feste Gestalt. Alles verwischt, wird undeutlich, die Materie bricht auf und der gellende Klang, der aus dem Mund des Papstes geströmt kommt, wird durch senkrechte Bänder sichtbar. Diese Bänder ziehen sich von oben bis unten durch das Bild und verschmelzen mit dem Körper, so dass Schrei und Körper eine Einheit bilden. Dadurch scheint sich das Gemälde auch zu bewegen, der Papst, der Thron und die Umgebung „zittern".

10 Francis Bacon: Study for Portrait of Pope Innocent X after Velázquez (1953), Des Moines Art Center

Bacon weist mit seinem Papst darauf hin, dass sich der geistige Zustand des europäischen Kontinents verändert hat. Wenn es keinen Gott mehr gibt, brechen wie in Jean Pauls *Rede des toten Christus* die tragenden Säulen der Welt zusammen. Der Mensch ist plötzlich einem unerträglichen Gefühl der Leere, der Angst und Unsicherheit ausgeliefert. Ob das ein Grund zum Schreien sein kann?

Eine ähnliche depressive Stimmung ist auch in Munchs *Der Schrei* (siehe S. 18) zu erkennen, zumal der Künstler selbst gesagt hat, dass er von einer ständigen „Lebensangst" begleitet wurde. Durch den Schrei drückt sich dadurch eine Ohnmacht aus. Als Gilles Deleuze sich mit dem Papst-Bild beschäftigt, stellt er fest, dass der Schrei nicht alleine seine Ursache in Empfindungen wie dem Schmerz haben kann. Er schreibt, dass diese durch ein sogenanntes *Unsichtbares* übertroffen werden. Hinter dem Schrei mit seinem „wie einen düsteren Schlund geöffneten Mund"[21] wird eine Botschaft vermutet, die durch ihn zu uns spricht: die *Zukunft*. In dem unsichtbaren Schrei soll eine Vorahnung, eine Ankündigung des Todes abzulesen sein oder anders ausgedrückt: eine Ohnmacht, die auch als Todesangst bezeichnet werden könnte. Für Deleuze bedeutet dies, dass sich im Schrei das Leben selbst ausdrücken möchte („das Leben schreit *um* sein Leben [...]"[22]), da es sich in einen Bezug zu der nicht sichtbaren Kraft des Todes setzt.

Der Dichter Lautrémont bringt das in seinen *Die Gesänge des Maldoror* auf den Punkt:

„Schließlich, da meine beklommene Brust nicht schnell genug die lebensspendende Luft hinauspressen konnte, öffneten sich die Lippen meines Mundes, und ich stieß einen Schrei aus... einen so zerreißenden Schrei... daß ich ihn hörte!"[23]

Schrei und Ohnmacht. Lautrémonts apathischer Maldoror findet sich in einer schrecklichen Welt wieder, in welcher der Mensch ungerecht behandelt wird, da er sich nicht gegen Krankheit und Schmerz auflehnen kann. Sein Schrei geht einer Szene voraus, in welcher er einen menschenfressenden Gott sieht, der auf einem Thron aus Exkrementen sitzt – ein Verweis auf Goyas *Saturno devorando a un hijo*. Dargestellt ist eine mythologische Szene, die auch aus dem Anime *Attack on Titan* stammen könnte. Der Titan Kronos ist ein Kannibale, der soweit geht, dass er sogar seine eigenen Söhne verspeist. Da Maldoror sich selbst in dem zerfetzten Körper im Mund des Gottes wiedererkennen kann und fürchtet, dass das auch ihm widerfahren könnte, zerfällt er in eine schockartige Starre.

Als seine Starre bricht, beginnt er zu zittern „wie die Lava im Inneren eines Vulkans"[24], bis er einen so intensiven Schrei entlässt, dass er sich das erste Mal selbst „hören" bzw. spüren kann. Was Maldoror und der zitternde Papst gemeinsam haben, ist, dass sie erschaudern, wenn sie daran denken, dass das Leben nach dem Tod endet. In Gedicht und Gemälde wird

69

die Ohnmacht vor einer ungewissen Zukunft ausgedrückt, die sich auf einen unabwendbaren Tod bezieht, der das Leben als Ganzes auflöst.

11 Francisco Goya: Saturn verschlingt seine Söhne (1823), Museo del Prado, Madrid

„Jeder Atemzug wehrt den beständig eindringenden Tod ab"[25], schreibt Arthur Schopenhauer, als er ähnlich wie Maldoror erkennt, dass er sich in einer schrecklichen Welt befindet. Als besonders starker Atemzug kann das auch für einen Schrei gelten, wenn er eine unsichtbare Todesbotschaft enthält. Kann es sein, dass das Sterben mit aufgerissenen Mund trainiert wird? Den Schrei so pessimistisch zu betrachten, ist zum Glück nur eine mögliche Interpretation. Der intensivste Ausdruck, den ein Mensch entlassen kann, ist genauso vielfältig, wie der Mensch selbst – pessimistisch und optimistisch zu Gleich.

Welche Schreie gibt es?

Unterdrückt, unendlich, undurchdringlich, ungezähmt, verwandelt und unsichtbar: Die sechs Indizien über den Schrei zeigen, dass es sich um einen Ausdruck handelt, der auf vielen Ebenen verstanden werden kann. Wenn der Schrei also so komplex ist, ist es hilfreich, eine Unterteilung durchzuführen. In der Philosophie wird seit der platonischen Dihareisis versucht, Begriffe zu ordnen, zu unterteilen, zu trennen. Später, als die Europäer mit ihren Galeeren über die Weltmeere fuhren, um den Planeten zu erobern und zu entdecken, nahm dieser Wahn immer größere Züge an. Es wurde begonnen, jedes Tier, jede Pflanze und jeden Stein in Klassen, Familien, Ordnungen, Gattungen, Arten und sonstige Systeme einzuordnen, so weit, dass abstrakte Sprachen wie die „Logik" entstanden. Das Problem: Jedes Mal, wenn ein neuer Begriff erfunden wurde, hat man gleichzeitig auch eine neue Grenze durch die Natur gezogen.

Um zu verstehen, welche Schreie existieren, könnte ich auch solche Methoden verwenden. Da ich mir aber etwas anschaue, was uns Menschen existentiell auszeichnet, möchte ich nicht die gleichen Trennlinien ziehen. Den Schrei „logisch" zu ordnen, würde bedeuten, den Menschen selbst zu zerteilen, ähnlich wie bei einem chirurgischen Eingriff, dessen Folgen nur schwer einzuschätzen sind. Ich lege das Skalpell zur Seite.

Für meine Unterteilung benötige ich die Mythen aus dem antiken Griechenland. Der Grund, dass ich auf diese Mythologie zurückgreife und nicht z. B. germanische, keltische, ägyptische oder indische Ideen miteinbeziehe, hat damit zu tun, dass ihr Einfluss auf die europäische Kultur im Vergleich gewaltig ist. Wer in das Kino geht, in das Theater, in Kunstmuseen, Bibliotheken oder sich einfach nur die Architektur der Innenstädte anschaut, merkt schnell, dass das antike Griechenland auch heute noch einen starken Einfluss auf unser tägliches Leben hat.

Ich bin oft erstaunt, wie diese Geschichten es schaffen, jede erdenkliche Gefühlslage aus dem menschlichen Leben abzubilden. Wichtig ist vorab zu wissen, dass dieses mythologische Denken keinen Unterschied zwischen Personen und ihren Empfindungen macht. Die Liebe beispielsweise wird durch Eros personifiziert, ein geflügelter Junge mit Pfeil und Bogen. Sein Vater ist Poros, der Gott des Reichtums und seine Mutter Penia, die Göttin der Armut. In ihrer Vereinigung haben sie dafür gesorgt, dass die Liebe sich immer durch ein „zu viel" und ein „zu wenig" auszeichnet. Für den Schrei gibt es zwar keinen eigenständigen Gott, bei vielen Geschichten taucht er aber dennoch auf, was dafür spricht, dass er nicht durch simple Unterteilungen verstanden werden kann. Da er sich bewegt, ausdehnt und schwingt, kann er nicht von anderen Dingen und vor allem nicht vom

Menschen losgelöst betrachtet werden.

Der Schrei ist fließend. Warum ich diese Geschichten ebenfalls der „logischen" Unterteilung vorziehe, ist die Tatsache, dass in ihnen immer das Motiv der Verwandlung enthalten ist. Einzelne Götter können ihre Gestalt ändern, je nachdem, an welchem Ort und in welchem Kontext sie dargestellt werden. Was erst verwirrend klingt, ergibt Sinn, da sich auch die Empfindungen und die Situationen, in denen sich Menschen wiederfinden, sich jederzeit verändern und sich sogar gegenseitig widersprechen können.

Der Schmerzensschrei

Ein von Schmerzen verzerrtes Gesicht in einem Block Marmor. Der Laokoon ist einer der wichtigsten Überbleibsel der griechischen Zivilisation. Darauf zu sehen sind der Meerespriester Laokoon und seine Söhne, die von Schlangen gebissen wurden. Die Familie hat die Trojaner vor dem hölzernen Pferd gewarnt, mit welchem die Griechen heimlich in Troja eindrangen. Die Einwohner Trojas allerdings glaubten ihm nicht. Sie glaubten, dass das Pferd ein Friedensgeschenk ist. Athene, die Göttin der Weisheit, ist erzürnt, als sie sieht, dass Laokoon und seine Söhne den Plan der Griechen durchschaut haben. Sie sendet deshalb blutrünstige Seeschlangen, die über die Familie herfallen sollen. Diese Szene wurde schließlich in Stein festgehalten: Während eine der Schlangen in den Oberschenkel des Laokoons beißt, schnappt eine andere die Brustwarze einer seiner Söhne. Und der Schrei? In dem verzerrten Gesicht ist ein Ausdruck abzulesen, sehr wahrscheinlich ein Schrei (siehe S. 22).

Neben Goethe und Schiller zählen viele auch Lessing zu den Promis unter den deutschen Dichtern. Auch wenn die Skulpturengruppe zu dem Zeitpunkt nicht gesehen hat, hat ihn vermutlich eine Buchillustration so inspiriert, dass er eine ganze Schrift über den Laokoon verfassten musste. In einem Abschnitt definiert Lessing den Schrei:

„Schreyen ist der natürliche Ausdruck des körperlichen Schmerzes. Homers verwundete Krieger fallen nicht selten mit Geschrey zu Boden. Die geritzte
Venus schreyet laut; nicht um sie durch dieses Geschrey als die weichliche Göttin der Wollust zu schil-
dern, vielmehr um der leidenden Natur ihr Recht zu
geben.“[26]

Lessing vermutet, dass der Schrei generell
ein Ausdruck des Schmerzes ist. Dem zugrunde liegt der Glaube an eine rohe, „leidende"
Natur, in der die Lebewesen in einem *Kampf
ums Dasein* in Konkurrenz treten. Da verwundert es nicht, dass Arthur Schopenhauer, ein
Denker, der wie kein anderer diesen Kampf
in seiner Philosophie darstellt, den Laokoon
kommentiert. Er schreibt, dass die Welt „ein
Tummelplatz gequälter und geängstigter Wesen ist", „welche nur dadurch bestehen, dass
eines das andere verzehrt [...]"[27]. Da er in der
Natur beobachten kann, dass „Fressen und
gefressen werden" das oberste Gesetz ist,
glaubt er auch, dass der Mensch diesen Ge-
setzen folgt. Grund dafür soll ein sogenann-
ter *Wille zum Leben* sein.
Bedeutet: Die Wesen, jedes für sich, treten
gegeneinander an, da in ihnen ein sponta-
ner, zielloser Drang steckt. Wenn Ressourcen
knapp werden, wird das zum Problem, da die
Individuen versuchen, sich selbst zu erhalten – auch mit dem Einsatz von Gewalt. Das
könnte auch auf einen Laokoon zutreffen,
der sich mit Athenes Seeschlangen herum-
schlagen muss. Schließlich geht es darum,
ob die Griechen oder die Trojaner über die

östliche Mittelmeerregion herrschen. Gerade dann, wenn die Kriegsheere übereinander herfallen, ertönen die Schreie besonders. Ein Krieger, der vor Schmerzen zu Boden fällt, ist dann nichts anderes als die verkörperte Version eines schreienden Laokoons.

Schopenhauer erkennt im Schrei also auch den Schmerz, allerdings als ein Schmerz, der die ganze Welt umfasst. Der Schmerz als Naturgesetz ist für ihn so selbstverständlich wie für die Physiker die Schwerkraft. Für ihn steht fest, dass Menschen, wenn sie in der Situation Laokoons sind, von Natur aus einen Schrei ausstoßen müssen. Schopenhauer schreibt, dass ein „schweigsames Dulden" nicht möglich sein kann, da unter Schmerzen das Schweigen „gänzlich aus dem Bewußtseyn verdrängt wird, und die Natur sich durch Schreien Luft macht"[28]. Dieser Schrei ist dem Philosophen zu Folge eine Botschaft. Diese kann allerdings nicht so gut entschlüsselt werden. Warum? Weil sie erstens nicht durch Worte erfolgt und zweitens zwei verschiedene Botschaften enthalten kann:

- Das Abschrecken von „toxischen" Lebewesen, die weiteren Schmerz auslösen.

- Das Anlocken von helfenden bzw. „heilenden" Lebewesen, die Schmerz lindern.

So unterschiedlich diese Gründe auch sein mögen, beide vereint, dass sie auf einen inneren Trieb hindeuten, der den Mensch in einem möglichst angenehmen Zustand erhalten möchte. Gefährlichen Lebewesen soll durch einen lauten, kraftvollen Ausdruck signalisiert werden, dass sie sich einem nicht nähern sollen. Wie auch der männliche Löwe sein Maul weit aufreißt und damit mögliche Eindringlinge seines Territoriums verschreckt, kann auch der Mensch mit seinem „Gebrüll" einen ähnlichen Effekt erzielen. Bei dem menschlichen Territorium allerdings, handelt es sich nicht um ein Stück Land: Es ist der Körper selbst, der vor fremden Eingriffen bewahrt werden soll. Der Körper soll in seinem organisierten Zusammenhang bestehen bleiben. Wenn dies der Fall ist, kann der Mensch in einem angenehmen, schmerzfreien Zustand leben. Wird allerdings nur ein Bestandteil dieser Organisation beschädigt, reagiert der Körper mit einem Schmerz, der sich klanglich in einen Schrei verwandelt.

Der Schreckensschrei

Der griechische Gott Pan schreit, wenn er bei seinem Mittagsschlaf geweckt wird. Im Inneren von Schloss Benrath sind an den Wänden mit ihm assoziierte Ziegendarstellungen zu erkennen. Es sind Darstellungen, die sich in einem seltsamen Zwischenbereich zwischen schön und schrecklich befinden. In der englischen Sprache existiert dafür der passende Begriff „delightful horror", ein Horror also, der auch etwas mit Genuss und einer angenehmen Stimmung zu tun haben kann. Das gehörnte Wesen könnte leicht mit dem Teufel verwechselt werden. Es handelt sich hier aber um Pan, griechischer Gott der Hirten, des Waldes und der Natur. Etwa der gesamte untere Teil seines Körpers besteht anatomisch aus einer Ziege, er steht aber dennoch aufrecht und wird in der Regel mit einem langen Bart und oft auch wollüstig dargestellt.

Wer sich in dem Schloss weiter umsieht, kann auf Gemälden Darstellungen von Hirten erkennen, die in einer paradiesischen Landschaft ihre Schafe weiden lassen. Dort lebt Pan als ihr Schutzgott im Verborgenen. Auch wenn er über sie und ihre Herden wacht, müssen sich die Herden vor ihm in Acht nehmen, vor allem, wenn er anfängt zu schreien! Wenn die Sonne über dem Himmel von Griechenland steht, hat auch ein Gott nicht genug Kraft mehr, um seinem Tagesgeschäft nachzugehen. Also legt er sich in den Schatten eines Baumes und schläft ein. Wenn er verärgert aufwacht, werden ganze Herden aufgescheucht, sie verfallen in eine sogenannte *Panik*.

12 Arnold Böcklin: Faun, einer Amsel zupfeifend (1863), Neue Pinakothek, München

Es ist interessant, wie im griechischen Mythos der Schrei des Pans mit verschiedenen Empfindungen zusammenhängt, bei denen es sich im Grunde um dieselben handelt. Wenn der Gott schreit, erschrecken sich die Herden und die Hirten fürchten sich vor ihm, da sie vermeiden wollen, dass ihre Tiere in *Panik* ausbrechen. Schrecken, Panik, Angst oder Furcht werden zum Beispiel in der Erzählung Der Sandmann von E. T. A. Hoffmann behandelt. Es geht um ein Monster, was Kindern Sand in die Augen streut und ihnen diese raubt. Was zunächst wie eine Horrorgeschichte klingt, befindet sich eigentlich ziemlich nah an der Realität, da wir in der Dunkelheit tatsächlich unsere Augen nicht so verwenden können, wie es bei Tageslicht der Fall ist. Das kann dazu führen, dass das Gehirn etwas dazu denken kann. Wo sich ein Vorhang im Wind bewegt, befindet sich dann eine Geistergestalt.

Der Schreckensschrei hat vermutlich etwas mit einem der Indizien zu tun, die ich mit dem Schrei in Zusammenhang bringe – dem Unsichtbaren. Die Wahrscheinlichkeit, verängstigt aufzuschreien, steigt, wenn wir in der Dunkelheit die Umrisse von Gestalten nicht erkennen können. Deshalb ist der Geist, ein Wesen, dessen Umrisse wir nicht richtig erkennen können, ein beliebtes Motiv für Geschichten, die uns ängstigen sollen.

Auch Pan lebt in dieser Dunkelheit, wenn er während seines Mittagsschlafes die Augen geschlossen hat. Wenn der Hirtengott vor sich hinträumt, kann er nicht wissen, was in der Wachwelt passiert: Ob sich auf seine Nase ein harmloser Schmetterling setzt oder eine Schlange in seinen Oberschenkel beißt, kann er vorher nicht wissen. Um sicherzugehen, schreit er auf, egal ob es sich um echte Gefahr handelt oder nicht. Und die Dunkelheit?

Ein Kind, was von dem Sandmann überrascht wird und der griechische Hirtengott haben gemeinsam, dass beide nicht erkennen können, ob von einer nicht sichtbaren Gestalt eine Gefahr ausgeht. Allerdings können wir auch schreien, wenn wir bei klarem Verstand sind und die Umrisse einer Gestalt erkennen, wie z. B. die einer Schlange, welche sich in unser unmittelbaren Nähe befindet.

Für einen Schreckensschrei muss es also nicht unbedingt dunkel sein, das was ihn auslöst, ist eher ein allgemeiner Kontrollverlust. Dieser Kontrollverlust bezieht sich auf unseren eigenen Körper: Wir wollen selbst darüber bestimmen, ob Schlangenzähne unsere Haut durchbohren und eine giftige Flüssigkeit in unseren Blutkreislauf gelangen darf. Und auch unsere Augen wollen wir behalten, lieber Sandmann!

Auf der Skulpturengruppe Laokoon ist dieser Kontrollverlust schon eingetreten. Wir wissen nicht, ob Laokoon auch schon geschrien hat, als sich die Schlangen nur angenähert haben. Über das, was davor passiert ist, kann nur spekuliert werden, da die Szene nur den Moment zeigt, in welchen die Schlangen schon zugebissen haben. Es ergibt aber Sinn, sich weitere Schreie hinzuzudenken, Schreckensschreie, die sich nicht auf den Biss selbst, sondern auf die Angst vor einem solchen Biss beziehen. Ähnlich wie bei dem Schrei des Laokoons, ist der Schreckensschrei also eine unmittelbare Reaktion auf einen Angreifer, von dem eine potenzielle Gefahr ausgeht. Er grenzt sich dadurch ab, dass er schon erfolgt, bevor ein Fremdobjekt auf den Körper physisch einwirkt, wie es bei den Schlangen auf der Skulpturengruppe der Fall ist. Das bedeutet: Wenn der Mensch erschreckt, ist das Fleisch noch unberührt oder anders ausgedrückt: Es wurde noch nicht die „strukturierte räumliche Organisation"[29] des Körpers durchbrochen. Der Schreckensschrei ist also ein Ausdruck, der den Schmerz in der Zukunft ankündigen möchte.

Der Lustschrei

Der Sänger Orpheus begegnet wahnsinnigen Frauen, die sich wild bewegen, klatschen und schreien. Mänaden ziehen im griechischen Mythos zusammen mit dem Weingott Dionysos von Ort zu Ort, um überall, wo sie Rast machen, rauschende Feste und Orgien zu feiern. Dabei sind sie meistens nur leicht bekleidet, tragen gerne Leopardenfelle und einen sogenannten „Thyrsosstab", der aus dem Gerippe eines Riesenfenchels besteht. Der Überlieferung nach, sind den Mänaden moralische Werte unbekannt, getrieben von ihrer Lust, haben sie die Kraft, „wilde Tiere zu zerreißen und zu verschlingen"[30]. Eines Tages wird der Sänger Orpheus von den Mänaden überrascht. Sie fallen rasend über ihn her und bewerfen ihn mit Steinen. Die kann er zunächst mit dem Spielen seiner Lyra abwehren. Als sie dann aber mit einem Flötenspiel beginnen, das noch besser klingt, als seine Musik, wird Orpheus von den Steinen getroffen. Als er am Boden liegt und sich nicht mehr bewegen kann, werfen sich die Mänaden mit „blutiger Hand"[31] auf ihn und zerteilen seinen Körper in mehrere Teile.

Dieser zerteilte, aus seiner Organisation herausgerissene Körper erinnert auch an die deformierten Darstellungen, die auf den Gemälden von Francis Bacon zu sehen sind. Ich denke, dieser Mythos meint etwas Ähnliches: Wenn lüsterne Mänaden über Orpheus herfallen, wird er nicht tatsächlich in Einzelteile zerlegt. Sein Körper allerdings fühlt sich in so einem Moment „zerrissen" oder „zerfleischt" an, auch wenn nicht wirklich Fingernägel in seiner Haut fahren, sein Brustkorb aufreißt oder seine Hand abgetrennt wird.

Die Lust treibt die Mänaden an, schreiend über Orpheus herzufallen. Immer wenn ein von Trieben gesteuerter Wahn dargestellt wird, sind die Begleiterinnen des Dionysos ein beliebtes Motiv. Die Mänaden stehen für einen weiblichen Geschlechtstrieb, der außer Kontrolle gerät und unschuldige, sensible Männer, wie Orpheus, in den Abgrund reißt. Aber auch bloße Wut kann ein Motiv sein, wie bei den drei Rachegöttinnen, die eng mit den Mänaden verwandt sind. Die Eumeniden sind genauso „rasend", „wahnsinnig" oder „maniac" (Englisch), wie die Verfolgerinnen des Orpheus, der Unterschied allerdings, ist, dass sie aus einer anderen Motivation heraus handeln. Während Orpheus aus purer Lust zerfleischt wird, fallen die Eumeniden über den armen Orestes her, weil sie sich an ihm Rächen wollen. Sie sind die verkörperte Gestalt von Gewissensbissen, die den jungen Mann plagen, nachdem er seine Mutter ermordet hat.

Orestes muss sich seine Ohren zuhalten. Auf dem Gemälde von William-Adolphe Bouguereau ist zu sehen, wie die drei Eumeniden als Bestrafung ihre gellenden Schreie einsetzen. Der Schrei hat hier die Funktion einer Folter. Während auf der linken Seite zu erkennen ist, wie ein Dolch in der Brust seiner Mutter steckt und sie sich mit geschlossenen Augen nach hinten beugt, gruppieren sich um ihn die drei nackten, tobenden Frauen. In ihren Haaren befinden sich Schlangen; eine der Eumeniden trägt auch eine in der Hand. Mit ihrem Gift und den Schmerzen, die sich durch ihren Biss auslösen, wird die im griechischen Mythos die Strafe symbolisiert, wie auch bei Laokoon, der wegen seines Verrats ebenfalls von diesen Tieren heimgesucht wird.

13 William-Adolphe Bouguereau: Orestes wird von Furien gehetzt (1862), Chrysler Museum of Art, Norfolk

Was geht in den Köpfen der Eumeniden vor sich? Ich frage mich, ob ihre Motivation aus einem Gerechtigkeitssinn heraus geschieht oder ob sie daran gefallen haben, über ihre Opfer herzufallen. Wenn man die Wut der Eumeniden *sadistisch* auslegt, kann auch die Lust bei ihrem Schrei eine Rolle spielen. Um zu verstehen, wieso zwei so paradoxe Empfinindungen zusammen auftreten können, möchte ich auf den Urheber des Sadismus schauen, Donatien Alphonse François, bekannt unter seinem Pseudonym Marquise de Sade. In *Die Philosophie im Boudoir* werden Lustschreie durch das stilistische Mittel der Interjektion dargestellt. Unter einer Interjektion versteht man ein Wort, das versucht, einen unartikulierten Laut darzustellen, was eigentlich kein Wort ist. Ein Schrei, ein Gähnen, ein Lachen oder ein Weinen sind nicht Teil einer Sprache, dennoch wird versucht, diese Ausdrücke mit Buchstaben darzustellen. Ein Beispiel dafür ist eine Szene, in welcher der Gärtner Augustin ausgepeitscht wird und daraufhin die Schreie „Ahe! ahe! Ahe!"[32] entlässt. Paradoxerweise handelt es sich, obwohl bei ihm eine Schmerzempfindung ausgelöst wird, um Lustschreie. In einem Kurzessay schreibt de Sade, dass beide Empfindungen eng miteinander verwandt sind. Sowohl der Schmerz als auch die Lust haben ihm zufolge ihren Ursprung in der Einwirkung eines fremden Gegenstandes auf den Körper.

Während aber bei der Lust dieses Fremdobjekt eine angenehme Atomverkettung auslösen soll, findet beim Schmerz eine Abstoßung derselben Atome statt. Dennoch glaubt de Sade, dass die „Erregung der Nervenströmung" bei beiden die Gleiche ist, weswegen er die Frage aufwirft, ob ein Mensch sich nicht „daran gewöhnen kann", sich „bei zurückstoßenden Atomen ebenso wohlzufühlen wie zusammenhaltenden?"[33]. Er stellt also zunächst fest, dass Schmerz oder Lust auf unterschiedliche Erfahrungen zurückzuführen ist. Daraus schlussfolgert de Sade, dass die Wahrnehmung von Schmerz oder Lust nicht objektiv zu erfassen ist, da es sich dabei um einen individuellen Unterschied handelt.

Der Lustschrei ist also in vielen Fällen nicht einfach von Schmerzensschrei zu unterscheiden. Wenn der Gärtner Augustin schreit, während er ausgepeitscht wird oder Orpheus schreit, wenn die Mänaden über ihn herfallen, entsteht ein schwierig zu definierender Zwischenzustand, der sich sowohl im Bereich des Schmerzes als auch in jenem der Lust abspielt. Diese Schwierigkeit ist allerdings nur zu beobachten, wenn Wut im Spiel ist. Wenn zwei Menschen Sex haben und sich dabei nicht verletzten, ist ihr „Stöhnen" ausschließlich ein Ausdruck der Lust. Auch wenn der Schmerz an der Lust beteiligt sein kann, ein Lustschrei für sich betrachtet, zeigt, dass der Ausdruck nicht unbedingt mit unangenehmen Empfindungen in Verbindung stehen muss. Es ist nicht nur das größte Leiden, das sich durch ihn in einen Klang verwandelt, auch die höchsten Glücksgefühle können durch den Schrei ein Ventil finden.

Der Freudenschrei

Hoch in den Himmel! Wenn Euphorion sich freut, springt er in die Luft. Kein Wunder: Der Sohn der Helena lebt auf einer der glückseligen Inseln, einem paradiesischen Ort, zu dem die alten Griechen ausgewählte Helden entsandt hatten. Zeus verliebte sich in den jungen Mann, da diese Liebe allerdings nicht erwidert wurde, tötete er ihn. Vielmehr ist auch nicht über Euphorion bekannt, alles, was wir wissen, stammt aus wenigen Zeilen von Ptolemaios Chennos, einem Schriftsteller aus dem ersten nachchristlichen Jahrtausend. Ob er zum Beispiel vor Freude geschrien hat, ist nicht bekannt.

Im Gegensatz zum Schmerz, zum Schrecken und zur Lust, ist es schwierig, ein mythologisches Beispiel für einen Freudenschrei zu finden. Der Kunsthistoriker Andreas Beitin hat 251 Texte aus der *Digitalen Bibliothek NRW* ausgewertet, die das Stichwort „-schrei" angeben. Bei der Wegnahme von subjektgebundenen (z. B. „Schrei in der Welt") oder zoologischen Bezeichnungen (z. B. „Schrei der Möwe"), ergab sich lediglich bei zwei Titeln der Bezug zu einer als angenehm wahrgenommenen Empfindung wie der Freude.[34] Unangenehme Empfindungen überwiegen in Texten deutlich, wobei diese nochmal in drei verschiedene Kategorien unterteilt werden können:

1. Schrei aus einer negativ empfundenen Situation (z. B. aus der Hölle, Nacht, Abgrund ...)

2. Schrei als Forderung nach angenehmer Empfindung (z. B. nach Glück, Leben, Liebe ...)

3. Schrei aus dem „Unbeantworteten" heraus (z.B. aus Unterdrückung, Stummheit, Stille ...)

Bei einer dieser Kategorien ist der Schrei zumindest auf die Empfindung der Freude gerichtet. Auch wenn dieser Bezug gegeben ist, entspringt er allerdings nicht aus der unmittelbaren Erfahrung dieser Empfindung selbst, sondern gerade aus seiner Abwesenheit. Wie kommt es dazu, dass der Freudenschrei so selten in Texten abgebildet wird? Wenn man sich noch genauer die sprachlichen Ursprünge des Schreis als Wort anschaut, wird es noch rätselhafter: Die Etymologie von „Schrei", leitet sich von einem Ausdruck der Freude ab, was auch heute noch an der skandinavischen Bezeichnung „skrikja" (Kichern) gezeigt werden kann. Dass der Schrei heute dann überwiegend mit unangenehmen Empfindungen in Zusammenhang gebracht wird, hängt vermutlich mit christlichen Vorstellungen zusammen. Dante Alighieri ordnet in seiner *Divina Commedia* dem Paradies den Gesang und der Hölle den Schrei zu.[35]

Dass seine Vorstellung einen großen Einfluss hatte, kann vor allem auf den Malereien der alten Meister bis in das 17. Jahrhundert abgelesen werden (darunter *Höllensturz der Verdammten* von Rubens), auf welchen üblicherweise Schreie mit der Unterwelt in Verbindung gebracht werden.

Es kann sein, dass durch das Christentum Schreie der Freude wie „Jubel" und „Jauchzen" zurückgehalten werden mussten, es sozusagen als Benimmregel galt, sich nicht so zu äußern. Doch oft gab es in der Geschichte Schlupflöcher, die es erlaubt haben, seinen Gefühlen freien Lauf zu lassen. Vermutlich war eines davon die „himmlische" Musik, die in Kirchen gespielt wurde. In *Jauchzet dem Herrn, alle Welt* von Felix Mendelssohn Bartholdy werden die Gläubigen aufgefordert, vor Freude zu schreien. Stattdessen singen sie. Der Gesang kanalisiert den Schrei. Auch heute noch? Was früher galt, muss heute nicht mehr zutreffen. Im unmittelbaren Alltag kann man beobachten, dass ein solcher Ausdruck existiert, klar abgrenzbar vom Schmerzensschrei, Schreckensschrei und Lustschrei. Auch wenn ein Schrei der Freude sich in der Vergangenheit als Gesang verkleidet hat: Heute schreit ein Fußballfan auf, wenn sein Lieblingsverein ein Tor schießt.

Grenzphänomene: Wut, Tod und Trauer

Die Eumeniden schreien Orestes an, weil er seine eigene Mutter getötet hat. Geschieht das aus purer Lust oder handelt es sich hier um Wut? Um zu verstehen, wann von einem Wutschrei gesprochen werden kann, muss zunächst geschaut werden, was die Ursache dieser Empfindung ist. Grundlegend kann man behaupten, dass Wut entsteht, wenn ein Ereignis als ungerecht wahrgenommen wird. Wenn die Eumeniden nicht „mänadisch", aus purer Lust über Orestes herfallen, kann ihnen unterstellt werden, dass sie es als ungerecht empfinden, dass der junge Mann seine Mutter ermordet hat und deshalb in Wut ausbrechen muss.

Es bleibt dennoch die Frage offen, ob es sich bei dieser gefühlten Ungerechtigkeit um einen psychischen Schmerz handelt und wie dieser Schrei dann von dem des Laokoons abgegrenzt werden kann. Das gleiche Problem entsteht, wenn man sich den Todesschrei anschaut, bei dem es sich um einen gesteigerten Schmerzensschrei handelt. Nicht nur in dem verzerrten Gesicht von Laokoon kündigt sich schon der Tod an, auch auf Jacob Jordaens Gemälde *Der gefesselte Prometheus* wird ein Grenzbereich zwischen Schmerz und Sterben verhandelt. Da Prometheus den Göttern das Feuer gestohlen hat, wird er mit Eisenketten an einen Felsen gebunden. Jeden Tag kommt ein Adler vorbeigeflogen, der mit seinem spitzen Schnabel den Brustkorb aufreißt und seine Leber verspeist. In der Nacht heilt seine Wunde wieder, was dazu führt, dass sich diese Szene wiederholt und er dadurch in einem dauerhaften Zustand des Sterbens verharren muss. Wenn man sich seinen geöffneten Mund anschaut, kann man nicht unterscheiden, ob es sich um einen Schmerzensschrei oder einen Todesschrei handelt.

14 Jacob Jordaens: Der gefesselte Prometheus (1642), Wallraf-Richartz-Museum, Köln

Tod und Schrei. Im Existentialismus stellt dieses Phänomen einen *Grenzstein* für das menschliche Leben dar. Jean-Paul Sartre meint in seinem *Das Sein und das Nichts* mit diesem Begriff, dass das Sterben zwei verschiedene Perspektiven gleichzeitig (janus bifrons) enthält. Zum einen kann er als das Nichts bezeichnet werden, was das Leben begrenzt, zum anderen aber auch durch diese Begrenzung dem Leben überhaupt Bedeutung verleihen.

Er vergleicht den Tod auch mit dem Schlussakkord einer Melodie, in der das Ende und damit die Stille schon in der Musik selbst angelegt ist. Wie das Auflösen eines Akkordes am Schluss, dem ganzen Stück seinen Sinn verleiht und damit die Struktur einer Ganzheit festlegt, könnte dies auch das Leben zutreffen. Auf das Leben übertragen bedeutet das, dass in seiner „Komposition" schon in jedem Moment der Tod anwesend ist und er dadurch die Gegenwart permanent bestimmt. Ich kann nur spekulieren, dass das auch auf einen Schrei zutreffen könnte, der im unmittelbaren Moment des Todes ertönt. Kann er so eine Gewalt haben, die das komplette Leben schon im Voraus bestimmt?

An dieser kurzen Stelle muss ich die griechische Mythologie kurz verlassen, um ein paar Worte über den Trauerschrei schreiben zu können. Eine Szene, die diesen Schrei darstellt, ist in der Bibel zu finden. Als Herodes davon gehört hat, dass in der Stadt Bethlehem ein neuer König geboren wurde, beauftragte er seine Soldaten, alle männlichen Neugeborenen zu ermorden. Eine Mutter versucht, einen dieser Soldaten davon abzuhalten und stößt dabei einen klagenden, trauernden Schrei aus. Dieser Schrei entsteht vor allem aus dem Unvorhersehbaren heraus. Wahrscheinlich hat diese Mutter einen ganz normalen Alltag geführt und wurde von den heranrückenden Soldaten überrascht.

15 Nicolas Poussin: Der bethlehemitische Kindermord (1625), Musée Condé, Chantilly

Francis Bacon, als der Maler des Schreis schlechthin, lässt sich besonders von dieser in dem Gemälde von Nicolas Poussin gezeigten Szene inspirieren, wegen der „vermutlich besten Darstellung eines Schreis in der Malerei"[36]. Bacon verweist auch auf eine Szene aus dem Film *Panzerkreuzer Potekim*, in der zarentreue Soldaten nach Odessa vorrücken, um einen Volksaufstand niederzuschlagen. Auch hier schreit eine Mutter, als ihr Kinderwagen plötzlich die Treppen herunter rollt und ihr Baby durch die Hände des Militärs verliert.

Der Trauerschrei kann als eine Abwandlung des Schmerzensschreis gedeutet werden. Aber auch der Schreckensschrei kann hier infrage kommen, da er plötzlich und überraschend auftritt und im Gesicht eine Furcht abzulesen ist. Seine Besonderheit liegt darin, dass es sich hierbei nicht um eine Empfindung handelt, von welcher nur eine Person betroffen ist. Dieser Schmerz spielt sich auf der Beziehungsebene ab, auf jenem Band, was durchgeschnitten wird, wenn ein geliebter Mensch sterben muss. Der Trauerschrei ist also ebenfalls ein gesteigerter Schmerzensschrei, da er sich über einen einzelnen Menschen hinaus ausdehnt. Der Trauerschrei ist dadurch vermutlich die kräftigste Form von Mitgefühl, die ein Mensch an seinem eigenen Körper erfahren kann.

Anmerkungen

1   Nietzsche, Friedrich: Also sprach Zarathustra. Ein Buch für alle und keinen. Hamburg 2019. S.101.

2   Lacan, Jacques: Problèmes cruciaux pour la psychanalyse, Paris 1964, Seminar 12.

3   Küchenhoff, Joachim: Psychose, Gießen 2012, S. 9 f.

4   Thoma, Samuel et al.: Reopening Selves: Phenomenological Considerations on Psychiatric Spaces and the Therapeutic Stance. In: Psychopathology, Zürich 2022, S. 159.

5   Arnold, Matthias: Edvard Munch. Mit Selbstzeugnissen und Bilddokumenten dargestellt von Matthias Arnold, Reinbek bei Hamburg 1986, S. 45.

6   Vgl. Beitin, Andreas F.: Der Schrei. Kunst- und Kulturgeschichte eines Schlüsselmotivs in der deutschen Malerei und Grafik des 20. Jahrhunderts, Münster 2004, S. 50.

7   Heine, Heinrich: Sämtliche Gedichte in zeitlicher Folge, Berlin 1963, S. 115 ff.

8   Kierkegaard, Sören: Entweder - Oder. Teil I und Teil II. München 2005, S. 33.

9   Nancy, Jean-Luc: Ausdehnung der Seele. Texte zu Körper, Kunst und Tanz, Zürich und Berlin 2017, S. 7.

10 Ebd., S. 57.

11 Platon: Politeia IX, 588c-590d

12 Ott, Michaela: Gilles Deleuze zur Einführung, Hamburg 2021, S. 125.

13 Deleuze, Gilles: Francis Bacon. Logik der Sensation, Paderborn 2016, S. 20.

14 Deleuze, Gilles und Guattari, Felix: Anti-Ödipus: Kapitalismus und Schizophrenie I., Berlin 1977, S. 7.

15 Vgl. Darwin, Charles: Über die Entstehung der Arten, Stuttgart 1870, S. 76.

16 Vgl. Metzger, Nadine: Zwischen Mensch und Wolf: Zur Lykanthropie in der spätantiken Medizin. In: Les Études classiques 80, Brüssel 2012, S. 135 ff.

17 Deleuze, Gilles: Francis Bacon. Logik der Sensation, Paderborn 2016, S. 23.

18 Leiris, Michel: Francis Bacon heute. In: Bacon Picasso Mason, Frankfurt und Paris 1982, S. 31.

19 Beitin, Andreas F.: Der Schrei. Kunst- und Kulturgeschichte eines Schlüsselmotivs in der deutschen Malerei und Grafik des 20. Jahrhunderts, Münster 2004, S. 49.

20 Deleuze, Gilles: Francis Bacon. Logik der Sensation, Paderborn 2016, S. 56.

21 Ebd., S. 56.

22 Ebd., S. 58.

23 Lautrémont: Die Gesänge des Maldoror. Aus dem Französischen von Ré Soupault. Reinbek bei Hamburg 2004, S. 72.

24 Ebd., S. 72.

25 Yalom, Irvin D.: Die Schopenhauer-Kur. München 2005, S. 7.

26 Lessing, G. E.: Laokoon. Reclam Studienausgabe, Stuttgart 2012, S. 12.

27 Schopenhauer, Arthur: Die Welt als Wille und Vorstellung. Band II. Feldafing 2006, S. 675.

28 Schopenhauer, Arthur: Die Welt als Wille und Vorstellung. Band I. Zürich 1988, S. 302.

29 Vgl. Deleuze, Gilles: Francis Bacon. Logik der Sensation, Paderborn 2016, S. 23.

30 Grant, Michael und Hazel, John: Lexikon antiker Mythen und Gestalten, München 2012, S. 170.

31 Ovid: Metamorphosen. Aus dem Lateinischen von Johann Heinrich Voß, Köln 2016, S. 238.

32 Anglet, Andreas: Der Schrei. Affektdarstellung, ästhetisches Experiment und Zeichenbewegung in der deutschsprachigen und in der französischsprachigen Literatur und Musik von 1740-1900 unter Berücksichtigung der bildenden Künste, Heidelberg 2003, S. 252 ff.

33 De Sade, Marquise: Über den Schmerz. In: Luckow, Martin (Hrsg.): Marquise de Sade. Kurze Schriften, Briefe und Dokumente, Gifkendorf 2005, S. 434.

34   Beitin, Andreas F.: Der Schrei. Kunst- und Kulturgeschichte eines Schlüsselmotivs in der deutschen Malerei und Grafik des 20. Jahrhunderts, Münster 2004, S. 9 f.

35   Vgl. Anglet, Andreas: Der Schrei. Affektdarstellung, ästhetisches Experiment und Zeichenbewegung in der deutschsprachigen und in der französischsprachigen Literatur und Musik von 1740-1900 unter Berücksichtigung der bildenden Künste, Heidelberg 2003, S. 77 f.

36   Zimmermann, Jörg: Francis Bacon. Kreuzigung. Frankfurt am Main 1986, S. 41.

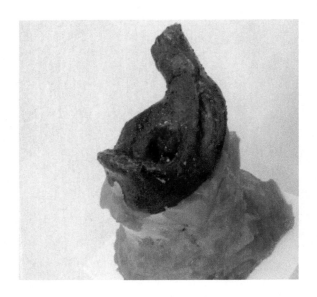

Diese Plastik wurde während der Arbeit an
diesem Buch von dem Wuppertaler Künstler
Tino Brandt entworfen. Auf dem Sockel ist
nach dem Vorbild Bacons eine deformierter
Mund zu erkennen. Es wird versucht, ein im-
materielles Phänomen, wie den Schrei, gegen-
ständlich zu begreifen.

Über den Autor

Nikolas Beitelsmann wuchs auf einem ehemaligen Bauernhof bei Düsseldorf auf. Als studierter Philosoph und Geograph ist er in der Kulturvermittlung und Umweltbildung eines Museums tätig. Nach einigen Beiträgen für ein Online-Magazin erschien im Jahr 2022 mit dem illustrierten Band *Magnoliensplitter* sein erstes Buch im Selbstverlag. Der Autor bringt Podcasts für eine Streaming-Plattform und Radiobeiträge für einen Sender des Westdeutschen Rundfunks heraus.

silben_fisch

Koch & Beitelsmann

nikolas@beitelsmann.de

Printed in Great Britain
by Amazon

32135094R00059